Liebe Leserinnen, liebe Leser!

Für unseren Fotografen **Martin Sasse**, der in der ganzen Welt unterwegs ist, waren die Kanaren Neuland – und im Übrigen ein herrliches Ziel, nicht nur weil meistens die Sonne scheint.

Die Texte für diesen Band schrieb **Rolf Goetz**, er besitzt auf La Palma ein kleines Häuschen und startet von hier aus zu seinen regelmäßigen Recherchereisen auf den Kanaren.

wer erstmals auf Teneriffas Südflughafen landet (und dort kommen bei weitem die meisten Touristen an), erlebt nicht selten einen leichten Schock. Man hatte doch den Frühling gebucht und nicht die Wüstentour. Tatsächlich zeigt sich die Landschaft staubig und trocken, hier und dort stehen wenig attraktive Bauten, Pflanzen haben Seltenheitswert. Die „Beinahe-Schönwettergarantie" im Süden Teneriffas hat eben ihren Preis.

Frühling ohne Ende

Doch keine Sorge, die Urlaubszentren an der rund 20 km langen Küstenzone zwischen Los Cristianos, Playa de las Américas und Costa Adeje sind üppig begrünt. Und den sprichwörtlichen Frühling mit Temperaturen, die meist zwischen 20 und 25 Grad Celsius liegen, gibt es ohnehin. Hier dreht sich das Leben ausschließlich um Badespaß, Relaxen, Sport und Unterhaltung. Ich persönlich verbringe meinen Urlaub lieber im Inselnorden, in Puerto de la Cruz, ich mag die üppige subtropische Vegetation – die sich hier nicht nur auf die Hotelgärten beschränkt – und starte von hier aus gern zu Wandertouren in den Teide-Nationalpark oder das Anagagebirge (eine schöne Tour empfehlen wir Ihnen auf S. 37). Aber Achtung! Vor allem im Winter kann es geschehen, dass man wochenlang keinen Sonnenstrahl sieht, während im Süden ideales Badewetter herrscht.

Wohnen auf dem Land

Wer es individueller mag, muss auf die kleinen Inseln ausweichen. Turismo rural heißt das Zauberwort. Sich irgendwo in einem kleinen Häuschen auf La Palma, La Gomera oder El Hierro einquartieren, Ruhe und Stille genießen und vielleicht den Blick aufs Meer. Auch auf Teneriffa wurden viele zerfallene Landhäuser restauriert und stehen nun als komfortable Urlaubsdomizile zur Verfügung. Hier hat man die duftenden Kiefernwälder gleich vor der Haustür – und weiß, warum Homer die Inselgruppe als die „Glückseligen Inseln" pries.

Herzlich Ihre

Birgit Borowski

Birgit Borowski
Programmleiterin DuMont Bildatlas

DuMont Aktiv

DuMont Thema

DuMont Thema

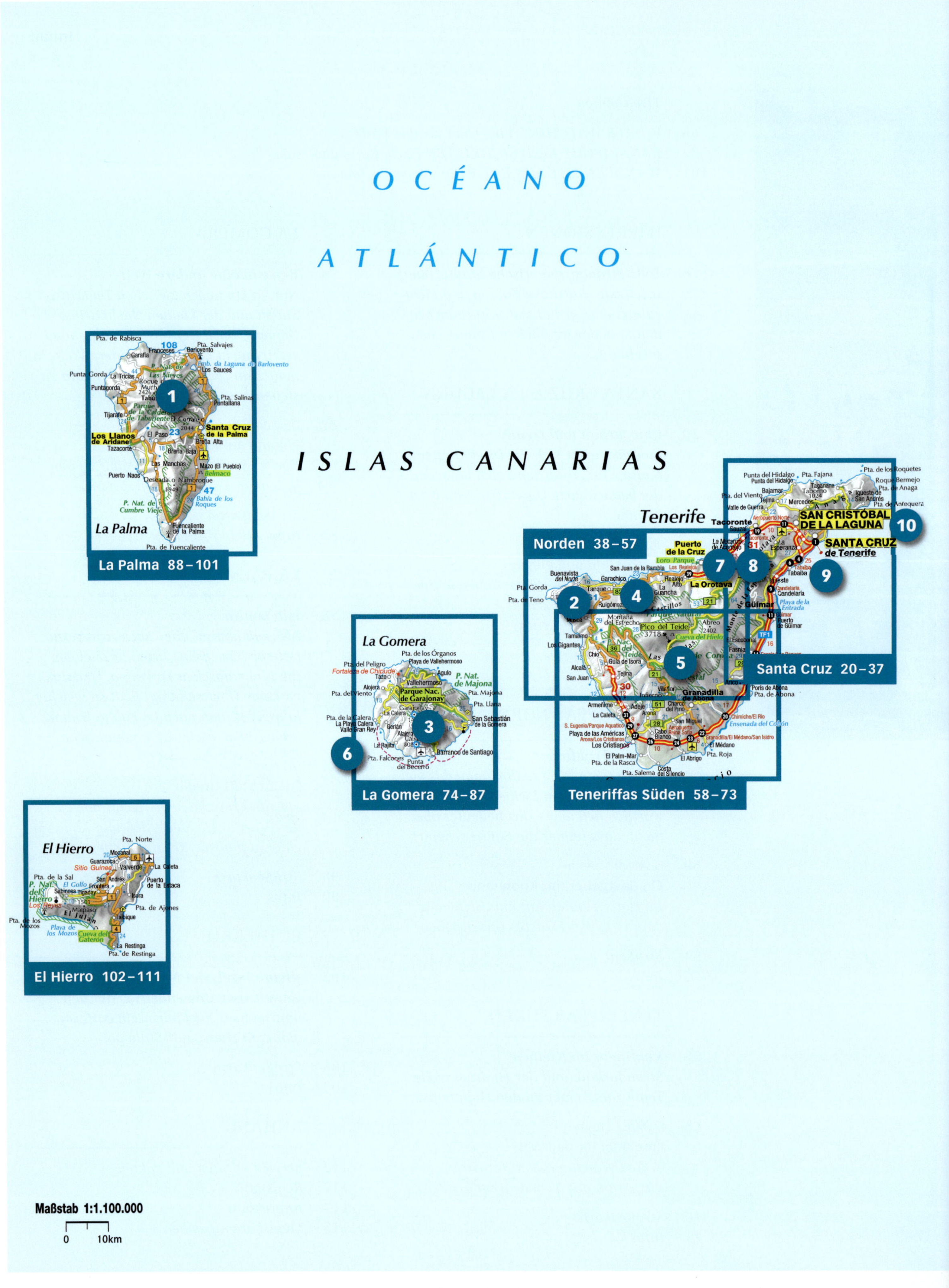
OCÉANO
ATLÁNTICO
ISLAS CANARIAS
La Palma
La Palma 88–101
Pta. de Rabisca
Pta. Salvajes
Barlovento
Garafia
Franceses
Los Sauces
Punta Gorda
Puntagorda
Tijarafe
Los Llanos de Aridane
El Paso
Santa Cruz de la Palma
Breña Alta
Tazacorte
Breña Baja
Las Manchas
Mazo (El Pueblo)
Belmaco
Puerto Naos
P. Nat. de Cumbre Vieja
Bahía de los Roques
Fuencaliente de la Palma
Pta. de Fuencaliente
La Gomera
La Gomera 74–87
Pta. de los Órganos
Playa de Vallehermoso
Pta. del Peligro
Fortaleza de Chipude
Agulo
P. Nat. de Majona
Vallehermoso
Parque Nac. de Garajonay
Pta. del Viento
Pta. Majona
Pta. Llana
La Calera
San Sebastián de la Gomera
Valle Gran Rey
Alajeró
Barranco de Santiago
Pta. Falcones
Punta del Becerro
El Hierro
El Hierro 102–111
Pta. Norte
Mocanal
Guarazoca
Valverde
La Caleta
Sitio Guinea
Pta. de la Sal
San Andrés
Puerto de la Estaca
Frontera
Sabinosa
Tigaday
Isora
Los Reyes
Pta. de Ajones
Taibique
Pta. de los Mozos
Playa de los Mozos
Cueva del Gateron
La Restinga
Pta. de Restinga
Tenerife
Norden 38–57
Teneriffas Süden 58–73
Santa Cruz 20–37
Punta del Hidalgo
Pta. Fajana
Pta. de los Roquetes
Roque Bermejo
Pta. de Anaga
Bajamar
Taganana
Taborno
Pta. del Viento
Tejina
Mercedes
Igueste de San Andrés
Valle de Guerra
Pta. de Antequera
Tacoronte
SAN CRISTÓBAL DE LA LAGUNA
SANTA CRUZ de Tenerife
Puerto de la Cruz
Loro Parque
La Esperanza
Buenavista del Norte
San Juan de la Rambla
Los Realejos
Garachico
Realejo Alto
La Orotava
Pta. Gorda
Pta. de Teno
Tanque
La Guancha
Candelaria
Güímar
Playa de la Entrada
Puerto de Güímar
Montaña del Estrecho
Pico del Teide
3718
Cueva del Hielo
Tamaimo
Los Gigantes
Chío
Guía de Isora
Alcalá
San Juan
Tejina
Fasnia
Arico
Poris de Abona
Pta. de Abona
Vilaflor
Granadilla de Abona
Armeñime
Adeje
Arona
Charco del Pino
La Caleta
San Miguel
S. Eugenio/Parque Aquatico
Playa de las Américas
Los Cristianos
Cabo Blanco
Ensenada del Cotón
El Médano
El Abrigo
El Palm-Mar
Pta. de la Rasca
Pta. Roja
Pta. Salema
Costa del Silencio
Maßstab 1:1.100.000
0
10km

Topziele

Die bedeutendsten Sehenswürdigkeiten der Region und Erlebnisse, die Sie auf keinen Fall versäumen sollten, haben wir auf dieser Seite für Sie zusammengestellt. Auf den Infoseiten ist das jeweilige Highlight als ▶**TOPZIEL** *gekennzeichnet.*

AKTIV

1 *Naturwunder im Inselzentrum*
Wanderungen in der Caldera de Taburiente gehören zum Schönsten, was La Palma zu bieten hat.
Seite 101

2 *Wandervergnügen garantiert*
Schon die Anfahrt nach Masca ist ein Erlebnis. In dem malerischen Bergdorf beginnt die Wanderung durch die Masca-Schlucht.
Seite 57

3 *Im Nebelwald*
Auf geführten Wanderungen durch La Gomeras Nationalpark Garajonay machen Parkranger sachkundig mit dem Lorbeerwald bekannt.
Seite 86

ERLEBEN

7 *Badeparadies mit Stil*
Palmen, riesige Lavapools, schattige Ruhezonen: die Costa Martiánez in Puerto de la Cruz ist eines von César Manriques Meisterwerken.
Seite 55

8 *Freizeitpark der Superlative*
Der Loro Parque in Puerto de la Cruz fasziniert mit sensationellen Tiershows und einem botanischen Garten.
Seite 55

9 *Karneval wie in Rio*
Zur rechten Zeit am richtigen Platz ist man in Santa Cruz im Februar/März, wenn der brasilianisch inspirierte Karneval von der Stadt Besitz ergreift.
Seite 36

NATUR

4 *Schönster Drago der Insel*
Wahrzeichen von Teneriffa ist der Drachenbaum in Icod.
Seite 56

5 *Auf das Dach von Spanien*
Eine grandiose Landschaft umgibt den Teide, Spaniens höchsten Berg.
Seite 72

6 *Exotisches Flair*
Palmenhaine und Terrassengärten sorgen im Valle Gran Rey auf La Gomera für das gewisse Etwas.
Seite 86

KULTUR

10 *Koloniale Pracht*
La Laguna ist eine Stadt der Kirchen, Klöster und Paläste. Die Altstadt zählt zum UNESCO- Weltkulturerbe.
Seite 36

DER RIESE AUS DEM MEER

Spaniens höchster Berg steht auf Teneriffa: Mit 3718 m kann es der Teide mit so manchem Alpengipfel spielend aufnehmen. Doch ewiger Schnee ist in diesen südlichen Gefilden ein Fremdwort. Nur im Winter adelt ein Anflug von Weiß den Gipfel. Der Teide Nationalpark trägt die Handschrift der vulkanischen Kräfte, die die Kanarischen Inseln aus dem Meer heraufbrechen ließen: ein hingeworfenes Gebirge, Spielplatz von Wind, Form und Farben.

FLIRRENDES GRÜN

Schritt für Schritt durchwandert man auf La Gomera die unterschiedlichsten Naturräume. Besonderen Eindruck macht die Region des immergrünen Lorbeerwalds, der sich Feuchtigkeit aus den Küstennebeln saugt. Auf Salzluft, Hitze und starken Wind ist die Tabaiba eingerichtet. Dieses Euphorbiengewächs gedeiht dank eines ausgeklügelten Wassersparprogramms sogar auf den kargen Felsen von Las Pilas üppig.

SONNE SATT

Ganz ohne Frage sind die Kanaren vom Klima begünstigt. Hier kann man das ganze Jahr über baden. Während die felsige Nordküste nur mit kleinen, meist dunkelsandigen Stränden aufwarten kann, darf man sich im Süden Teneriffas auf lange helle Sandstrände freuen. Einige wurden künstlich angelegt. Dies trifft auch auf die Playa de las Teresitas bei San Andrés zu.

CajaCanarias

STIMMUNGSVOLL

La Orotava ist einer der schönsten und typischsten Orte der Kanaren. Besonders stimmungsvoll präsentiert sich die Plaza vor der Iglesia de Nuestra Señora de la Concepción am Abend, wenn die dreischiffige Hallenkirche mit ihrer großen wuchtigen Kuppel und die umstehenden Häuser mit ihren hübschen Holzbalkonen angestrahlt werden.

EINE ERNSTE SACHE

Bei der Fronleichnamsprozession in La Orotava (Corpus Cristi) ist nahezu die gesamte Bevölkerung mit Ernst dabei. Die Prozessionsteilnehmer schreiten über einen Teppich aus Blumen und Vulkanasche. Zurück geht dieser Brauch auf das Jahr 1847. Damals ließ eine adlige Dame vor ihrem Haus in der Calle del Colegio einen Blumenteppich anlegen, über den die Prozessionsteilnehmer hinwegschreiten sollten. Bald folgten ihrem Beispiel andere Adelsfamilien, und 1906 wurde erstmals ein riesiger Blumenteppich auf dem Platz vor dem Rathaus ausgelegt.

DAS KLEINE PARADIES

Auf der kleinsten und westlichsten der Kanareninseln ist der Massentourismus nie angekommen. Ausgedehnte Strände fehlen auf El Hierro, die Vegetation sprießt nicht so üppig wie auf La Palma, La Gomera oder Teneriffa. Doch blieb die Natur weitgehend unberührt. Die Insel der Individualisten ist seit längerem dabei, sich als Ökoinsel zu profilieren.

Chic, urban und trendy

In der Inselmetropole prallen die Gegensätze zwischen Alt und Neu mit aller Wucht aufeinander. Vor allem seit Santa Cruz damit begonnen hat an einem neuen Image zu basteln. Bis vor wenigen Jahren zeigte sich die Kapitale noch ziemlich angestaubt, neuerdings zunehmend chic, urban und trendy. Koloniales Flair paart sich mit avantgardistischer Architektur. La Laguna dagegen begeistert mit buntem studentischen Treiben und einer bezaubernden Altstadt.

Posieren für den Fotografen: vor einer Bronzeskulptur beim Teatro Guimerá in Santa Cruz.

Ausblick vom Hotel Contemporáneo auf das Hotel Mencey und das Stadtviertel Salamanca von Santa Cruz.

Cabildo Insular an der Plaza de España

Auditorio in Santa Cruz: Der imposante Bau von Stararchitekt Santiago Calatrava wurde zum neuen Wahrzeichen Teneriffas.

„Von hinten ein Fischmaul, von vorne ein Riesendampfer, von der Seite ein Segelschiff."

Cristof Siemes in der Zeit...

Angesichts der neuen Skyline von Teneriffas Metropole würde sich der britische Admiral Horatio Nelson verwundert die Augen reiben. Der nach der Schlacht von Trafalgar zum englischen Nationalhelden aufgestiegene Seefahrer stand am 25. Juli 1797 mit einer Flotte von acht Kriegsschiffen in der Bucht von Santa Cruz. Bei einem Landungsversuch stieß Nelson auf heftige Gegenwehr und wurde von einem Schrapnell am rechten Unterarm verwundet, so dass schließlich der Arm amputiert werden musste. Es war die einzige Niederlage in seiner glorreichen Karriere. In Santa Cruz wird die erfolgreiche Abwehr nicht ohne Stolz jedes Jahr als Gedenktag gefeiert.

EIN NEUES GESICHT

Zona Metropolitana wird der Ballungsraum um die Hauptstadt vielleicht etwas großspurig genannt. Doch mit mehr als 360 000 Menschen lebt fast die Hälfte der Einwohner Teneriffas in der mit La Laguna fast nahtlos zusammen gewachsenen Großstadt. Die Bevölkerung ist in den letzten 50 Jahren rasant angewachsen. Die beiden Städte verbindet eine mittlerweile achtspurig ausgebaute Autobahn, dennoch bricht der Verkehr bereits bei der kleinsten Baustelle zusammen. Vielleicht war es das für eine Metropole ganz alltägliche Chaos, dass sich bis noch vor kurzem nur wenige Touristen in die Stadt verirrten. Das hat sich geändert. Vor allem Kreuzfahrer überfluten die Plätze und Einkaufszeilen in der City, selbst große Luxusliner wie Aida Diva und Queen Elizabeth II machen regelmäßig im Hafen von Santa Cruz de Tenerife fest. Für Fremde bietet die Stadt nicht zuletzt ein Stück kanarische Urbanität und Lebensart, wie man sie in den künstlichen Ferienorten im Süden nicht finden kann.

AVANTGARDE AM MEER

Am stärksten zeigt sich der Wandel im neuen Viertel Cabo Llanos, das von den 120 m hohen Zwillingstürmen Las Torres überragt wird. Doch nicht die eher nüchternen Hochhäuser, sondern die postmoderne Architektur des Auditorio de Tenerife dominiert die Silhouette der Meeresfront. Unmittelbar ans Wasser gebaut weckt das kühn geschwungene Dach des neuen Konzerthauses Assoziationen an die Oper von Sydney, quasi über Nacht ist der von dem Architekten Santiago Calatrava entworfene Bau zum neuen Wahrzeichen Teneriffas aufgestiegen. Nur einen Steinwurf nebenan könnte der Kontrast nicht größer sein: Das aus schwarzen Lavaquadern errichtete Castillo de San Juan nimmt sich neben dem strahlend weißen Musentem-

Santa Cruz überrascht immer wieder mit seinen vielen besonderen Details: nostalgische Bänke an der Plaza Veinticinco de Julio (Platz des 25. Juli).

Auch als Gesamtkunstwerk beeindruckt die Plaza Veinticinco de Julio.

Abends steigt der Pulsschlag der Stadt deutlich an und man trifft sich in der Calle La Noria.

pel wie eine Spielzeugburg aus. Über Jahrhunderte hinweg hatte das Bollwerk die Aufgabe, vor der Küste kreuzende Piratenschiffe abzuwehren. Nutzlos geworden liegt nun die kleine Festung geradezu verloren am Wasser. Und auch die turmlose Ermita de Regla ein Stück oberhalb davon scheint in der ultramodernen Umgebung wie von einem anderen Stern zu sein. Vermittelnd wirkt dagegen der von César Manrique entworfene Parque Marítimo. In der avantgardistischen Badelandschaft kontrastieren Lavafelsen mit türkisfarbenen Pools und Fächerpalmen.

OASEN IN DER STADT

Doch Santa Cruz kann auch anders. Wo es viel Stadt gibt, muss es auch Rückzugsgebiete geben. Großes hat sich an der Plaza de España getan. Der einst vom Verkehr umtoste Kreisel mit einem umstrittenen Monument aus der Franco-Ära in der Mitte gehört wieder den Fußgängern. Verantwortlich dafür zeichnet das Schweizer Architekturbüro Herzog & de Meuron, bekannt durch spektakuläre Bauten wie die Münchner Allianz Arena und das Pekinger Olympiastadion. Sozusagen in einem Geniestreich haben die Schweizer den zentralen Platz der Hauptstädter durch die Verlegung der Küstenstraße unter die Erde zum Meer hin erweitert,

Special STRASSENBAHN ZWISCHEN SANTA CRUZ UND LA LAGUNA

Mit der Tranvía unterwegs

Umweltfreundliche Straßenbahnen zwischen Santa Cruz und La Laguna

Rund eine halbe Million Fahrzeuge drängeln sich auf Teneriffas Straßen, vor allem in der Zona Metropolitana viel zu viele für ein stress- und staufreies Fortkommen.

Die Verkehrsplaner sahen sich gefordert und entschieden sich für den Bau einer umweltfreundlichen Straßenbahn. Seit Sommer 2007 verbindet eine zweigleisige Strecke die Hauptstadt Santa Cruz mit der Universität in La Laguna. Modernste Niederflurwagen schaffen die 12,7 km lange Strecke in einer Fahrzeit von 37 Minuten. Und die gute Nachricht für Nachtschwärmer: an Wochenenden fährt die Bahn die ganze Nacht. Die Linie bis La Laguna ist nur ein Anfang, sie soll bald bis zum Nordflughafen Los Rodeos und weiter nach Puerto de la Cruz verlängert werden. Auch eine Verbindung von Santa Cruz über den Südflughafen an die Costa Adeje ist im Gespräch.

Ein Blick auf die Altstadt von La Laguna mit den beiden Türmen der Santa Iglesia Catedral.

Phantastische Kostüme in einem bunten Treiben: Karneval auf den Kanaren ist die europäische Variante des Karnevals von Rio de Janeiro.

Osterprozession in La Laguna vor der Kulisse der Iglesia de N. S. de la Concepción: Bruderschaften ziehen in langen Büßergewändern durch die Stadt.

so dass es sich nach Herzenslust flanieren lässt. 500 gläserne Lampen in Form von Wassertropfen sorgen abends für eine stimmungsvolle Beleuchtung.
In neuem Glanz präsentiert sich auch der Stadtpark Garcia Sanabria. Mit seinem alten Baumbestand aus Aurakarien, Palmen, Mahagoni, afrikanischen Tulpenbäumen und Feuerakazien ist die grüne Lunge der Stadt fast schon ein botanischer Garten. Seinen Namen verdankt der 1922 angelegte Park dem damaligen Bürgermeister der Hauptstadt.

DIE FÜNFTE JAHRESZEIT

Absolute Weltspitze ist Santa Cruz im Karneval. Unter der Franco-Diktatur offiziell verboten, hat er sich seit der Wandlung zur Demokratie überall auf den Kanaren zu einer Massenbewegung entwickelt. Hochburgen wie Santa Cruz und Las Palmas de Gran Canaria brauchen sich selbst hinter dem großen Vorbild Rio nicht zu verstecken. Ein Heer von professionellen Maskenbildnern, Modeschöpfern und Choreographen ist schon Monate im Voraus damit beschäftigt, die aufwändigen Kostüme und Tanzveranstaltungen vorzubereiten. Mit der Wahl der Karnevalskönigin samt ihrem Hofstaat wird in Santa Cruz die heiße Phase eingeleitet. Absoluter Höhepunkt ist der Umzug am Faschingsdienstag, wenn rund 20 000 Akteure mit großem Tamtam durch die Straßen ziehen. Zwischendurch werden in Wettbewerben die Murgas genannten Gesangsgruppen prämiert, je schräger und komischer die getexteten Lieder sind, desto besser stehen die Chancen auf einen der vorderen Plätze. Originell gestaltet sich das Finale am Aschermittwoch. Auf der Plaza de España wird unter lautem Wehklagen von als Witwen verkleideten Männern der Karneval in Form einer aus Pappmaschee angefertigten riesigen Sardine zu Grabe getragen. Doch allzu traurig gestaltet sich die Beerdigung nicht, mit viel Samba und Salsa kocht die Stimmung nochmals richtig über.

WELTKULTURERBE LA LAGUNA

Bequem und schnell verbindet seit 2007 eine Straßenbahn die neue Inselmetropole mit der alten Hauptstadt La Laguna. Die ein Stück inseleinwärts gelegene Schwesterstadt fungierte bis ins 18. Jahrhundert als Inselhauptstadt und präsentiert sich bis heute wie ein aufgeschlagenes Geschichtsbuch. In der Altstadt sind mehr als 40 historische Gebäude als UNESCO-Weltkulturerbe ausgewiesen. Kaum waren die Guanchen unterworfen, begannen die spanischen Konquistadoren mit dem Bau einer Kolonialstadt, die wegweisend für Stadtgründungen in der Neuen Welt sein sollte. Auf eine Stadtmauer und wuchtige Festungstürme konnte getrost verzichtet werden, da von den besiegten Guanchen keine Gefahr mehr ausging. Der Adel und durch den Amerikahandel zu Geld gekommene wohlhabende Kaufleute richteten sich in prächtigen Palästen ein, praktisch jeder kirchliche Orden baute mitten in der Stadt ein Kloster. Und für den Bischof musste genauso eine repräsentative Residenz her, wie für die Militärgouverneure.

BUMMELZONE MIT FLAIR

Ein Bummel durch die jüngst zur Fußgängermeile umgestalteten Calle Heradores macht mit dem sorgfältig restaurierten Erbe der alten Hauptstadt bekannt. Viele hübsche Details sind zu entdecken: winzige schmiedeeiserne Stehbalkone, massive Türklopfer aus Messing oder das Wappen eines Familienclans über dem Türsturz. In begrünten Innenhöfen plätschert mancherorts ein Brunnen, so etwa in der fast 400 Jahre alten Casa Alvarado Bracamonte, von der einst die Generalkapitäne mit eiserner Hand die Geschicke der Insel lenkten. Einer der ältesten Bauten ist das Haus des Landvogtes nahe der zentralen Plaza del Adelantado. An dem Platz mit einem alten Drachenbaum gehören das klassizistische Rathaus und

Vom Mirador Pico del Inglés bietet sich an klaren Tagen ein toller Blick auf das Anagagebirge.

Höhlenwohnungen in Chinamada, gesäumt von Geranien, die unter diesem Himmel eine betörende Farbigkeit entfalten.

das von einem maurisch anmutenden Söller gezierte Katharinenkloster zu den auffälligsten Bauten. Ein Besuch in der von prächtigen Holzarbeiten ausgestatteten Casa de Lercaro rundet die Zeitreise ab, passender Weise ist darin das Museum der Inselgeschichte untergebracht. Trotz Historie an jeder Ecke ist La Laguna eine junge Stadt. Dafür sorgt vor allem die 1792 gegründete Universität, an der heute rund 23 000 Studenten eingeschrieben sind.

IM MERCEDESWALD

Von der Universitätsstadt windet sich eine Straße zum Bosque de las Mercedes ins Anagagebirge hinauf. Die Halbinsel im äußersten Nordosten zeigt sich allerdings nur Frühaufstehern im besten Licht. Spätestens gegen Mittag hüllen meist milchige Nebelschwaden das Bergland in eine dichte Wattepackung – die Sicht vom fast 1000 m hoch gelegenen Aussichtspunkt Pico del Inglés ist dann gleich Null. Nebel ist bekanntermaßen feucht und beschert dem Bergrücken ein fast undurchdringliches Pflanzenkleid wie sonst nirgendwo auf Teneriffa. Bis zu 1000 mm Niederschlag fällt im Jahr. So konnten sich im Mercedeswald noch Reste eines tertiären Lorbeerwalds erhalten. Den vielleicht romantischsten Zugang in diesen immergrünen Dschungel erlaubt ein alter Dorfverbindungsweg, der von der Casa Forestal an der Höhenstraße durch üppige Lorbeer- und Farnwälder nach Taganana hinab läuft. Wohnen will allerdings kaum noch jemand in den Anaga-Bergen. Vor allem für die Jungen ist es zu abgeschieden, zu unwegsam und im Winter auch zu kühl und zu feucht. Und allein von der hinreißend schönen Natur kann niemand leben. Die Bergflanken fallen schroff und steil zum Meer ab und lassen kaum Platz für die Landwirtschaft übrig. In dem halben Dutzend noch bewohnten Siedlungen halten kaum noch 2000 Menschen die Stellung.

Ausflugsziel nicht nur der Hauptstädter: die Playa de las Teresitas bei San Andrés stillt die Sehnsucht nach Sonne und Meer.

Leicht, fein und elegant

Zweite Chance für eine Weinregion: Moderne Winzer versuchen an die große Zeit der kanarischen Weine im 16. Jahrhundert anzuknüpfen, als es der bernsteinfarbene Malvasier zu Weltruhm brachte.

Auf den ersten Blick präsentiert sich Teneriffa als Bananeninsel. Überall wo es genügend Wasser gibt, dominieren Plantagen mit der vor gut 100 Jahren eingeführten „Paradiesfrucht" den Küstensaum. In höheren Lagen ab etwa 300 m wird das einförmige Grün von anderen Kulturen abgelöst. Zum Beispiel von Wein, der auf den Kanaren auf eine fast 500 Jahre alte Tradition zurückblickt. Vor allem die Engländer sprachen den schweren Vulkanweinen zu, einer der heißesten Verehrer des bernsteinfarbenen „Canary Sack" war William Shakespeare. Die ursprünglich im Mittelmeerraum beheimatete Malvasia-Traube kam mit der intensiven Sonneneinstrahlung auf den jungvulkanischen Böden prächtig zurecht, mit ihrem hohen natürlichen Zuckergehalt lieferte sie süße alkoholreiche Weine, die genau dem damaligen Geschmack entgegenkamen.

Der Niedergang für den kanarischen Wein kam im 19. Jahrhundert. Neben wachsender Konkurrenz, vor allem aus Madeira und dem kometenhaften Aufstieg französischer Gewächse, setzte der aus der Neuen Welt eingeschleppte Falsche Mehltau den Rebkulturen arg zu. Letztendlich kamen auch die schweren Likörweine mit ihren gut 20% Alkohol aus der Mode, kanarische Weine spielten auf dem Exportmarkt keine Rolle mehr.

EIN WEIN IM AUFSCHWUNG

Erst vor 25 Jahre begann eine neue Winzergeneration das angestaubte Image aufzufrischen. Neue Rebsorten, gepaart mit modernsten Kellertechniken und auf dem spanischen Festland gelerntem Know-how zeigten bald Erfolge. Die Einführung der geschützten Herkunftsbezeichnung (Denominación de Origen) brachte schließlich den Durchbruch. Die bekanntesten Weine kommen aus dem Gebiet Tacoronte-Acentejo,

Casa del vino la Barada auf Teneriffa ist ein Weinmuseum mit Restaurant (oben). Modernste Kellertechniken ersetzen nicht den scharfen Blick des Fachmanns (Bodegas Monje).

Neue Rebsorten, gepaart mit modernsten Kellertechniken und auf dem spanischen Festland gelerntem Know-how zeigten bald Erfolge.

mit 2500 Hektar zugleich die größte Weinbauregion der Kanaren. Die Weinberge ziehen sich an der Nordabdachung des Teide in

Das Weinmuseum Casa del Vino in El Sauzal offeriert seine Weine in einem ansprechenden Restaurant und in der Probierstube (S. 33).

Lagen bis zu 1000 m hinauf. Anstelle des schweren Malvasiers setzt man ganz dem Zeitgeist entsprechend auf alkoholärmere trockene Weine. Angesichts des begrenzten geografischen Gebiets entwickelte sich eine erstaunlich vielfältige Weinlandschaft. Offensichtlich wirkt sich auch das vielfach als das beste Klima der Welt gepriesene Kanarenwetter auf die Inselweine positiv aus. Dabei spielt das Mikroklima der Insel eine entscheidende Rolle, das je nach Höhenlage, Sonneneinstrahlung und natürlich der kultivierten Rebsorte ganz unterschiedliche Tropfen hervorbringt. Von den fast zwei Dutzend angebauten Rebsorten steht der Listán blanco für leichte und fruchtige Weißweine, der Negramoll liefert ansprechende trockene Rotweine. Den altehrwürdigen Malvasía gibt es zwar noch, doch er ist eher ein Randprodukt. Was die Erträge angeht, konnte er ohnehin nie mit den neueren Rebsorten mithalten. Der erste junge Wein im November wird übrigens zünftig mit einer Fiesta gefeiert. Vor allem auf der Fiesta San Andrés in Icod de los Vinos, das den Wein gar im Ortsnamen trägt.

WEINMUSEUM CASA DEL VINO

Ein rustikales Gutshaus aus dem 17. Jahrhundert stellt den Rahmen für das „Haus des Weines". Das auch La Baranda genannte Museum steht unter der Regie der Inselregierung. La Baranda ist sozusagen das Schaufenster der Winzer auf Teneriffa. Es liegt hoch über dem Meer und gar nicht weit von den besten Lagen entfernt. Mit dem Wagen erreicht man das Museum von der Autopista del Norte über die Abfahrt El Sauzal. Im hübschen Patio steht eine alte Weinpresse, in den Innenräumen informiert eine Ausstellung über die Geschichte des Weinbaus und macht mit allen auf der Insel kultivierten Rebsorten bekannt. In einer Probierstube finden Verkostungen statt, und natürlich kann im Verkaufsraum auch der eine oder andere Tropfen gleich mitgenommen werden. Ein Feinschmeckerlokal ist angeschlossen. Auf der Karte stehen kanarische Klassiker wie Kaninchen, Zicklein und gefüllter Lammrücken, der Weinkeller hält einen repräsentativen Querschnitt an Inselweinen bereit.

FAKTEN

Ausgewählte Bodegas auf Teneriffa
Bodegas Insulares Tenerife, Tacoronte, Vereda del Medio 48
www.bodegasinsularestenerife.es
Bodegas Monje, El Sauzal, Camino Cruz de Leandro 36
www.bodegasmonje.com

Weinmuseum Casa del Vino
El Sauzal
Di. 11.30–19.30, Mi.–Sa. 10.00–21.30, So. 11.00–18.00 Uhr
www.cabtfe.es/casa-vino

Rustikales Ambiente, edle Tropfen: die Probierstube des Weinmuseums Casa del Vino.

TENERIFE
Roque de Fuera
Roque de Tierra
Punta del Hidalgo
Punta de los Roquetes
Faro de Anaga
Roque Bermejo
Casas Blancas
Punta de Anaga
Las Palmas
El Draguillo
Chamorga
Benijo
Almáciga
Punta Fajana
Punta Tamadite
Punta Poyata
Playa de San Roque
Chinamada
Taborno
Casas de Afur
N.S. de las Nieves
Taganana
Azanos
El Bailadero
Chinobre
Lomo de las Bodegas
Punta Gotera
Bajamar
Punta del Fraile
Caleta del Arco
Las Montañas de Anaga
El Peladero
Batán de Abajo
Batán de Arriba
Roque Negro
Las Carboneras
Monte de las Mercedes
Mirador Cruz del Carmen
Mirador Pico del Inglés
Valle Grande
Valle Crispín
Valle Brosque
Lomo Bermejo
Igueste
Punta de Antequera
Playa de Antequera
El Roquete
Playa de las Gaviotas
Punta de los Organos
Playa de las Teresitas
San Andrés
Dársena Pesquera
Tejina
Tegueste
Pedro Álvarez
El Palomar
Vega de las Mercedes
Las Canteras
Punta del Viento
La Barranquera
Valle de Guerra
El Pris
Mesa del Mar
Punta de la Mesa
Bahía de la Garañona
Tacoronte
El Sauzal
Guamasa
Tabares
El Portezuelo
Cruz Grande
LA LAGUNA
SAN CRISTÓBAL
Los Campitos
Bufadero
Boca del Valle
Ramonal
Valleseco
Balneario
Barrio de la Alegría
Club Náutico
Museo Militar
Puerto
San Francisco
Museo de Ciencias Naturales
SANTA CRUZ DE TENERIFE
Punta Maragallo
Barrio de Chamberí
Aeropuerto Los Rodeos (Tenerife Norte)
La Cuesta
La Matanza de Acentejo
La Victoria de Acentejo
La Esperanza
El Rosario
Madre del Agua
Santa María del Mar
Punta de la Encendida
Punta Pachona
Playa Berruguete
Playa de la Nea
Urbanización Radazul
Punta de Guadamojete
Tabaiba
Barranco Hondo
Punta del Morro
Igueste
Las Caletillas
Las Arenitas
Playa de las Arenas
Punta Larga
Candelaria
Basílica de la Virgen
Playa de Samarines
Playa de la Viuda
Lomo del Molino
Arafo
Las Cuevecitas
Malpaís
Araya
Chivisaya
Las Valeras
El Socorro
Playa de la Entrada
Playa de Lima
Las Cañadas
Punta de la Entrada
Güímar
Parque Etnográfico Pirámides des Güímar
Punta de la Cruz
Punta de la Arenita
Los Guirres
Puerto de Güímar
La Ladera
Hoya del Pozo
Playa de Arriba o las Bajas
Punta Gache
Playa de la Caleta
Punta Prieta/La Caleta
Lomo de Mena
El Escobonal
La Medida
La Zarza
Fasnia
Fondeadero de Fasnia
El Tablado
Punta del Porís
Playa de Topuerque
Playa del Abrigo
Punta de Honduras
Cuevas de las Ricas
Playa de las Ceras
Punta del Rincón
01
02
03
04
05
Maßstab 1:175.000
0 2 4km

Urbanes Flair vor Bergkulisse

In den beiden Großstädten Santa Cruz und La Laguna bündelt sich der urbane Lebensstil der Insel. Während sich die Metropole Santa Cruz mit Attributen der Postmoderne herausputzt, konserviert das Weltkulturerbe La Laguna in seiner Altstadt den Charme einer vergangenen Epoche. Zusammen bilden die Schwesterstädte einen Ballungsraum mit 360 000 Einwohnern.

01 SANTA CRUZ

Die Hafenstadt (224 000 Einw.) ist das wirtschaftliche und administrative Zentrum Teneriffas und Provinzhauptstadt der Westkanaren. Interessante Museen, Kunstgalerien und ein renommiertes Konzertforum machen Santa Cruz zugleich zur Kulturmetropole.

Sehenswert

Die **Plaza de España** gehört nach gründlicher Umgestaltung ganz den Fußgängern. Mitten auf dem zum Meer verlängerten Platz erinnert ein monumentales Kreuz an die auf der Seite von General Franco Gefallenen des Spanischen Bürgerkriegs. Auf der angrenzenden **Plaza de Candelaria** steht ein Obelisk, auf dem die Schutzpatronin des Archipels auf vier unterworfene Guanchenkönige hinabschaut. Vom Candelaria-Platz verbindet die Shoppingmeile Calle del Castillo mit der **Plaza de General Weyler**. Hinter der klassizistischen Fassade der Capitanía General an der Westseite des Platzes schmiedete 1936 General Franco Putschpläne zum Sturz der Madrider Republik. Das Herzstück der Plaza nimmt der aus weißem Marmor errichtete Fuente del Amor (Liebesbrunnen) ein. Im Südwesten der Plaza de España verkörpert die **Iglesia Nuestra Señora de la Concepción** ein Stück vom alten Santa Cruz. Schmuckstück der 1652 geweihten fünfschiffigen Kirche ist ein von Luján Pérez geschaffener barocker Hochaltar. Von dem Ausguck in dem hübschen Campanile hielt man früher nach vor der Küste kreuzenden Piratenschiffen Ausschau.

Im Barrio Cabo Llanos prägt das **Auditorio de Tenerife** das moderne Gesicht der Metropole. Das neue Wahrzeichen direkt an der Wasserfront ist eine Arbeit des spanischen Stararchitekten Santiago Calatrava. Der Konzertsaal bildet eine Bühne für renommierte Orchester und Popstars (Programm Tel. 902 31 73 27, www.auditoriodetenerife.com; geführte Besichtigungen ab 5 Personen, Anmeldung unter Tel. 922 56 86 25). In unmittelbarer Nachbarschaft des Auditoriums schuf Calatrava bereits in den 1990er-Jahren das **Centro de Ferias y Congresos**. In der Messe- und Kongresshalle mit Platz für bis zu 15 000 Menschen finden auch die Karnevalsveranstaltungen statt. Wegen der Ähnlichkeit mit einer überdimensionalen Küchenschabe wird der Bau von den Hauptstädtern salopp cucaracha (Kakerlake) genannt.

Nördlich von der Plaza de España schafft der **Parque García Sanabria** einen ruhigen Gegenpol zum quirligen Geschäfts- und Bankenviertel. Subtropische Gewächse, überbordende Blumenrabatte und Skulpturen namhafter Bildhauer vereinen sich zu einem gelungenen Mix aus botanischem Garten und Kunstmeile. Ein kleines Besucherzentrum hält Infos zu dem Skulpturengarten bereit.

Museen

Die naturkundlich-archäologische Ausstellung im **Museo de la Naturaleza y el Hombre** macht mit den Naturräumen und der Siedlungsgeschichte Teneriffas bekannt. Mit seinen vorspanischen Exponaten ist es eines der bedeutendsten Museen der Inselgruppe (Calle Fuente Morales s/n, www.museosdetenerife.org, Di.–So. 9.00–19.00 Uhr). Gegenüber von dem Naturkundemuseum setzt das **Instituto Oscar Domínguez de Arte y Cultura Contemporánea** neue Maßstäbe in der kanarischen Museumslandschaft. Das von dem Schweizer Architektenteam Herzog & de Meuron entworfene Kulturzentrum ist dem surrealistischen Maler Oscar Domínguez gewidmet (www.oscardominguez.org). Im **Centro Cultural de Caja Canarias** werden wechselnde Ausstellungen zeitgenössischer Kunst und Fotografie gezeigt (Plaza del Patriotismo, www.cajacanarias.org, Mo.–Fr. 11.00–13.00 und 17.00 bis 21.00, Sa. 11.00–13.00 Uhr). Interessante Fotoausstellungen sind auch im **Centro de Fotografía** zu sehen (Plaza de la Madera 1, Mo. bis Sa. 10.00–13.00 und 16.00–21.00 Uhr, freier Eintritt).

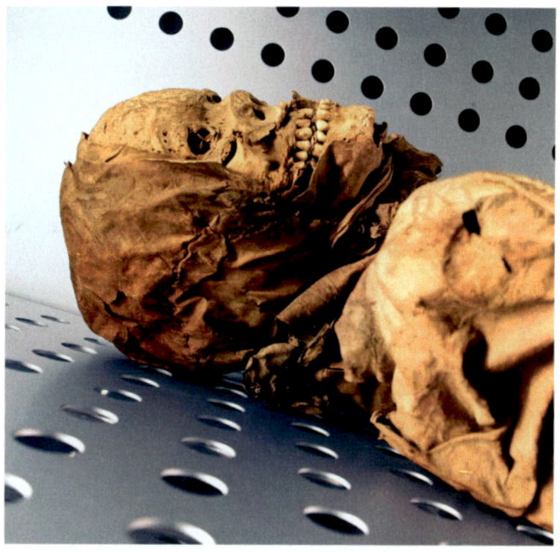

Mumie: Museo de la Naturaleza y del Hombre

Erleben

In Nachbarschaft zum Auditorium lockt der von César Manrique gestaltete **Parque Marítimo** an sonnigen Tagen zahlreiche Badegäste an. In typischer Manrique-Manier kontrastieren Palmeninseln mit Lavafelsen und Windspielen (tgl. 10.00–17.00, im Sommer bis 19.00 Uhr).

Tipp

Klassikfestival

Das von Teneriffa zusammen mit Gran Canaria veranstaltete Festival de Música de Canarias hat sich zu einer viel beachteten Konzertreihe klassischer Musik entwickelt. Jeweils im Januar und Februar gastieren hier renommierte Symphonieorchester und Solisten aus aller Welt – 2009 war u.a das venezuelanische Orquesta La Pasión mit der legendären Dirigentin Maria Guinand zu Gast, 2010 die Staatskapelle Dresden mit Bassbariton Thomas Quasthoff. Spielstätte in Santa Cruz ist das Auditorio de Tenerife.

Programm: www.festivaldecanarias.com

Tipp

Schöne Künste

Im ehemaligen Franziskanerkloster gibt das Museo de las Bellas Artes einen Überblick über die kanarische Malerei und zeigt darüber hinaus Werke spanischer und niederländischer Meister. Die beiden Highlights der Sammlung sind das in einem warmen Kolorit gehaltene Ölbild „Orfeo" von Jan Bruegel d.Ä. und ein Triptychon von dessen Lehrer Pieter Coecke van Aelst. Das Museum steht unter Regie der Stadt – der Eintritt ist frei.

Calle José Murphy 12, Di.–Fr. 10.00 bis 20.00, Sa. und So. 10.00–15.00 Uhr

Infos

Im Wirtschaftsleben von Santa Cruz spielt der Hafen eine wichtige Rolle.

Einkaufen
Die beliebteste Shoppingmeile der Hauptstädter ist die **Calle del Castillo**. Größter Konsumtempel ist El Corte Inglés, Avenida del Tres de Mayo. Frisches Obst, Gemüse und Ziegenkäse: **Mercado la Recova** (tgl. 7.00–15.00 Uhr). Sonntags mit Flohmarkt.

Veranstaltung
Im Feb./März ist der **Karneval** ▶TOPZIEL das Inselereignis. Höhepunkte: Wahl der Karnevalskönigin, der Concurso de Murgas und Beerdigung der Sardine am Aschermittwoch.

Hotel
€€€ **Taburiente**, Calle Doctor José Naveiras 24 A, Tel. 922 27 60 00, www.hoteltaburiente.com. Modernes Stadthotel in relativ ruhiger Lage am Parque García Sanabria. Mit aussichtsreichem Dachpool.

Umgebung
Der Fischerort **San Andrés** (8 km nordöstl.) konnte trotz der Nähe zur Hauptstadt seinen dörflichen Charakter weitgehend bewahren. Und dies obschon man dort 1973 mit der Playa de las Teresitas einen künstlichen Superstrand anlegte. Das goldgelbe Badeparadies wurde mit vier Millionen aus der Sahara heran geschifften Sandsäcken aufgeschüttet und mit Palmen bepflanzt.

Information
Oficina de Turismo, Plaza de España
Tel. 922239592, www.todotenerife.es
Mo.–Fr. 9.00–18.00 Uhr
im Sommer bis 17.00, Sa. bis 13.00 Uhr

02 LA LAGUNA

Die Universitätsstadt La Laguna (142 000 Einw.) ist eine Stadt der Kirchen, Klöster und Paläste und darf sich angesichts des gut konservierten historischen Stadtkerns seit 1999 mit dem UNESCO-Prädikat Weltkulturerbe schmücken. Das wie ein Schachbrett angelegte Straßennetz diente den Spaniern als Modell für ihre Gründungen in Übersee.

Sehenswert
Ein Rundgang durch die **Altstadt** ▶TOPZIEL beginnt am besten an der **Plaza del Adelantado**. An deren Westseite gibt der Palacio de Nava von 1585 ein Beispiel für die von der Kolonialzeit geprägte Inselarchitektur, in dem sich barocke, manieristische und neoklassizistische Stilelemente verbinden. Der Convento de Santa Catalina direkt neben dem Adelspalast hat an seinem Eckturm einen arabisch inspirierten Söller, von dem aus es den Nonnen des Klosters möglich war, das Geschehen auf dem Platz aus diskreter Distanz zu beobachten. Von der Plaza del Adelantado führt die autofreie Flaniermeile Calle Obispo Rey Redondo zur **Catedral de los Remedios**. Die Bischofskirche ging aus einer kleinen Kapelle von 1515 hervor, die in den folgenden Jahrhunderten mehrfach erweitert zum religiösen Mittelpunkt der Stadt avancierte. Von der Innenausstattung ist ein Altarbild des flämischen Meisters Hendrik van Balen und das Tabernakel von Luján Pérez hervorzuheben. Der bedeutendste Sakralbau der Stadt ist allerdings die **Iglesia de Nuestra Señora de la Concepción**. La Lagunas älteste Kirche wurde 1511 geweiht. Aus dem glasierten Taufbecken sollen die besiegten Guanchen die Taufe empfangen haben. Der Ende des 17. Jh. angefügte Glockenturm kann bestiegen werden.

Museen
Das in der Casa Lercaro untergebrachte **Museo de Historia de Tenerife** lohnt den Besuch allein schon wegen der detailverliebten Kolonialarchitektur. Die Sammlung vermittelt einen Einblick in die Geschichte Teneriffas (Calle San Agustín 22, Di.–So. 9.00–19.00 Uhr). Im **Museo de la Cienca y el Cosmos** kommen vor allem Kinder auf ihre Kosten. Mit rund 60 naturwissenschaftlichen Modellen kann nach Herzenslust experimentiert werden, etwa mit dem Lügendetektor oder einem Gang durch das Spiegellabyrinth (Via Láctea, in der Nähe der Universität, Di. bis So. 9.00–19.00 Uhr).

Veranstaltung
In der Karwoche ziehen Bruderschaften in langen Büßergewändern in einer **Prozession** durch die Altstadt.

Ausgehen
Die studentische Szene trifft sich in Bars und Pubs im Universitätsviertel. Eine gute Adresse für Live-Jazz: Buho Bar in der Calle Catedral 3.

Umgebung
Über die Landstädtchen Tegueste und Tejina wird der ruhige Ferienort **Bajamar** (10 km nördl.) erreicht. Die überwiegend in den 1960er-Jahren errichteten Ferienquartiere entsprechen nicht mehr ganz dem Zeitgeist. An dem strandlosen Küstenstrich befriedigt ein Meerwasserschwimmbad das Badebedürfnis der vornehmlich deutschsprachigen Gäste.

Information
Oficina Municipal de Información Turística
Calle Carrera 7, Tel. 922631194
E-Mail turismo.laguna@tenerife.es
Mo.–Fr. 9.00–17.00, Sa./So. 9.00–15.00 Uhr

03 ANAGAGEBIRGE

Den gesamten Nordostzipfel von Teneriffa füllen die Montañas de Anaga, das Anagagebirge. Es ist ein wild zerklüftetes Bergmassiv, ein wahrer Dschungel aus Lorbeerbäumen, Baumheide und Gagelbaum.

Sehenswert
Erst seit 1993 ist das nahe der Nordküste gelegene Höhlendorf **Chinamada** mit der Außenwelt durch eine Asphaltstraße verbunden. Ein reizvolles Ausflugsziel ist zudem das nahe der Küste gelegene malerische Dorf **Taganana**.

Unterhalb der Ortschaft bieten sich an der Playa de San Roque und an der Playa de Benijo auch mehrere Bademöglichkeiten, in einfachen Restaurants wird fangfrischer Fisch serviert.

04 CANDELARIA

Die betriebsame Küstenstadt (21 000 Einw.) an der Autopista del Sur ist der bedeutendste Wallfahrtsort der Kanaren.

Sehenswert

Mittelpunkt der Kleinstadt ist die der Schutzpatronin der Inselgruppe geweihte **Basilíca de Nuestra Señora de Candelaria**. Die neobarocke Wallfahrtskirche (1958) steht anstelle eines durch einen Sturm zerstörten Vorgängerbaus direkt über dem Meer. In ihrem Inneren birgt sie eine auf den ganzen Kanaren verehrte Marienstatue (geschaffen 1827 von Fernando Estévez). Der großzügige Kirchplatz wird zur Meerseite von neun bronzenen Guanchen-Skulpturen begrenzt.

Umgebung

In **Güimar** (10 km südwestlich) wurde unter Beratung des norwegischen Forschungsreisenden und Ethnologen Thor Heyerdahl (1914 bis 2002) eine mutmaßliche Kultstätte der Guanchen rekonstruiert. Im Parque Etnográfico Pirámides de Güimar sind mehrere bis zu fast 10 m hohe Stufenpyramiden zu bestaunen. Von Wissenschaftlern der Universität La Laguna wird die Authentizität der „Pyramiden" allerdings skeptisch beurteilt (tgl. 9.30–18.00 Uhr).

Blick auf die Basilika von Candelaria

DuMont Aktiv

Wandern im Anagagebirge

Der klassische Rundweg durch das ansonsten wild zerklüftete Anagagebirge ist leicht zu begehen. Er führt vorbei an Lorbeerbäumen und hohen Farnen zu herrlichen Aussichtspunkten.

BLÜHENDE WUNDER

Start und Ziel ist der Parkplatz von **05** La Ensillada . Von hier aus wendet man sich zunächst Richtung Nordosten zum Chinobre-Gipfel (910 m), zu dem man nach 15 Minuten abzweigt und der kurz darauf erreicht ist. Entlang des Weges wachsen rot blühende Besenheide, rosafarbener Storchschnabel und der Kanaren-Hahnenfuß, der bis zu einem Meter groß werden kann. Doch am besten ist der weite Blick über den Westen des Anagagebirges. Zum Hauptweg zurück führt der Weg nun nach links weiter und dann geradeaus zu einem Abschnitt mit Moosen, Flechten und mannshohen Farnen.

AM ROQUE DE ANABRO

Nach weiteren 15 Minuten geht es am felsigen Roque de Anabro vorbei, und nach weitere 10 Minuten ist die Plattform Cabezo del Tejo (750 m) erreicht, benannt nach der gleichnamigen Besenheide. Der Blick reicht hier weit über die Küstenregion. Wunderbar! Der Waldpfad zurück erweist sich als ein breiter, ebener Erdweg, der in 50 Minuten die Anaga-Höhenstraße TF-123 erreicht. An einer Schranke führt die Route nun rechts einen schmalen Waldweg entlang, und nach weiteren 10 Minuten ist der Waldpfad erreicht, den wir schon vom Hinweg kennen. Linkerhand geht es abschließend in weiteren 10 Minuten zurück zum Parkplatz von La Ensillada.

Wanderweg im Anagagebirge

WEITERE INFORMATIONEN

- **Ausgangspunkt:**
La Ensillada an der TF 123 von Santa Cruz de Tenerife aus Richtung Chamorga

- **Niveau:**
leichte Rundtour

- **Wanderzeit:**
reine Gehzeit gut 2 Stunden

- **Verpflegung:**
ausreichend Wasser und Proviant müssen mitgenommen werden, keine Einkehrmöglichkeit unterwegs!

Ewiger Frühling

In Teneriffas Norden wurde der Tourismus auf den Kanaren erfunden. Das hat viel mit dem Wetter zu tun. Das viel zitierte Wort vom Ewigen Frühling darf hier wörtlich genommen werden – von gelegentlichen Ausreißern einmal abgesehen. Am Fuß des im Winter schneebedeckten Teide avancierte Puerto de la Cruz zu einem der bekanntesten Ferienorte im Archipel.

Eines der landschaftlichen Highlights von Teneriffa ist der Barranco de Masca bei der gleichnamigen Ortschaft.

Impressionen von Puerto de la Cruz: Blick vom Parque Taoro auf das Häusermeer der Stadt, darunter die Strandpromenade am Abend. Sie mündet in den kleinen Platz Punta del Viento. Jenseits der modernen Bauten vermittelt der Fischerhafen ein völlig anderes Bild der Stadt.

Puerto de la Cruz: Ein Erlebnis der besonderen Art sind die riesigen Meerwasserpools an der von César Manrique gestalteten Costa de Martiánez.

Mit dem Wetter auf Teneriffa ist das so eine Sache. Einen blauen Postkartenhimmel mit mehr als 300 Sonnentagen im Jahr plus ein üppiges Vegetationskleid gibt es nicht überall auf der Insel. Der mächtige Bergstock des Teide wirkt als Wetterscheide, an dem sich häufig imposante Wolkenbänke stauen. Die Passatwolken haben reichlich Feuchtigkeit im Gepäck und laden diese größtenteils an der Nordseite der Insel ab. Die Wahl des richtigen Ferienorts will daher gut überlegt sein: Während ausgesprochene Sonnenanbeter an den Stränden im Süden besser aufgehoben sind, kann der Norden dem Gast auch mal etwas weniger schöne Tage bescheren. Das hindert die Touristikmanager nicht daran, Teneriffas Norden das beste Klima der Welt zu attestieren. Und da ist was dran. Aufs Jahr gesehen sind die Temperaturunterschiede zwischen dem wärmsten und kältesten Monat relativ gering. Die Sommer sind lange nicht so heiß wie etwa auf dem spanischen Festland und der Winter gibt sich ausgesprochen mild, frühlingshaft eben.

GÄSTE DER ERSTEN STUNDE

Urlaub in Teneriffas Norden heißt fast immer Puerto de la Cruz. Mit rund 25 000 Gästebetten ist die Stadt das mit Abstand größte Ferienzentrum an der Nordküste. Puerto, wie Einwohner und Besucher die Stadt kurz nennen, war ursprünglich der Hafen von dem ein Stück weiter landeinwärts gelegenen La Orotava. Die Ausfuhr von Wein bescherte dem Ort schnell einen wirtschaftlichen Aufschwung und zog Kaufleute aus ganz Europa an. Der Hafenort wollte schließlich bald mehr als ein Anhängsel von La Orotava sein und erklärte sich 1651 zur eigenständigen Gemeinde. Vor gut hundert Jahren dann brachten Bananendampfer die ersten Touristen in die Stadt. Zunächst vornehmlich englische Gäste, die dem nasskalten Winter auf der britischen Insel entfliehen wollten. Die Stadt wurde sozusagen zur Wiege des Fremdenverkehrs auf den Kanaren. Und auch der Massentourismus nahm hier seinen Anfang und bescherte Puerto ab den 1960er Jahren einen ungestümen Bauboom. Nicht immer zum Vorteil, Masse statt Klasse war damals noch vordergründig. So mag der erste Blick ernüchternd sein. Die Silhouette der Stadt wird von sterilen Hoteltürmen dominiert. Auf den zweiten Blick zeigt sich die Ferienstadt jedoch ganz versöhnlich, gibt es ein paar Schritte neben den Hotelvierteln einen verkehrsberuhigten hübschen Altstadtkern und reichlich Grün zu entdecken.

Puerto de la Cruz ist das mit Abstand größte Ferienzentrum an der Nordküste.

GRÜNER GARTEN ÜBERM MEER

Die Karriere als Gartenstadt begann allerdings mit einem Fehlschlag. 1788 wurde auf Anforderung des spanischen Königs Carlos III. auf einem Stück Brachland oberhalb vom Meer ein Versuchsgarten angelegt. Die Spanier wollten darin ursprünglich aus den überseeischen Kolonien mitgebrachte Zier- und Nutzpflanzen an das kontinentaleuropäische Klima gewöhnen. Teneriffa fungierte sozusagen als Zwischenstation, von dort wurden die Gewächse aufs europäische Festland verschifft und in

Gefiederte Schönheit im Loro Parque

Hotel Botánico bietet ein Wellnessprogramm in schönster Umgebung.

Delfine und andere Tiere zeigen ihr Können im Loro Parque in Puerto de la Cruz.

Strelitzien, die zu den Bananengewächsen gehören, gedeihen nicht nur im Jardín Botánico.

Berühmt ist der Loro Parque, der mit Tiershows und der weltweit größten Papageiensammlung aufwartet.

den Park des königlichen Hofs in Madrid verpflanzt. Es blieb beim Versuch. Für die meisten der Wärme liebenden Pflanzen aus Mittel- und Südamerika bedeutete der Sprung aufs im Winter kalte Festlandspanien das sichere Aus. Nicht so im Jardín de Aclimatización, dem heutigen Botanischen Garten von Puerto de la Cruz. Dort gediehen Kaffeesträucher, Zimtbäume und Frangipani überaus prächtig. Unter der Leitung des Schweizer Botanikers Hermann Wildpret wurde die Anlage bald zu einer der weltweit besten botanischen Adressen. Der Garten beherbergt heute über 5000 exotische Arten aus aller Welt und platzt mittlerweile aus allen Nähten. Die Attraktion ist eine uralte brasilianische Würgerfeige, deren Luftwurzeln zu ansehnlichen Stämmen ausgewachsen sind und als dichtes Geflecht die ehemalige Wirtspflanze erdrosselt haben.

KRIMIAUTORIN UNTER PALMEN

Der Jardín Botánico in Puerto ist nicht der einzige Anziehungspunkt für Pflanzenfreunde und Hobbybotaniker. So widmet sich der Mustergarten Bananera El Guanche ganz der vor gut 100 Jahren auf Teneriffa heimisch gewordenen Banane. Und richtig berühmt ist der Loro Parque, der neben spektakulären Tiershows und der größten Papageiensammlung der Welt auch mit einem Drachenbaumhain und einer verschwenderischen Pracht an subtropischen Gewächsen aufwartet. Eher im Verborgenen liegt dagegen der Orchideenpark Sitio Litre, der gar noch ein paar Jahre älter als der Botanische Garten ist. Zu seinem Namen kam er durch den Schotten Archibald Little. Der im Weinhandel zu Geld gekommene Kaufmann ließ 1774 in einem damals verwilderten Garten im Ortsteil La Paz ein Herrenhaus errichten und begann drum herum exotische Gewächse anzupflanzen.

Zufällig kommt heute kaum jemand von der Altstadt den steilen Hang in den beschaulichen Garten nach La Paz hinauf. Früher war das wohl einmal anders. Prominentester Gast war Alexander von Humboldt, sein Interesse galt dem damals schon auf dem Gelände stehenden Drachenbaum. Agatha Christie ließ sich in den Goldenen Zwanzigerjahren von der Ruhe des Privatgartens inspirieren und schrieb in Sitio Litre an ihrem Roman „Der seltsame Mr. Quinn". Baden im Meer fand die Krimiautorin allerdings grässlich und viel zu gefährlich. „Man lag bäuchlings auf einem abfallenden, vulkanischen Strand, krallte die Finger in das Gestein und ließ die Wellen über sich hinwegspülen", bemerkte die damals Siebenund-

La Orotava: Bilder aus bunter Lavaasche zieren zu Fronleichnam die Plaza vor dem Rathaus.

An Fronleichnam zeigen sich die Feiernden in La Orotava in schönster Tracht.

Eine Augenweide: die Casa de los Balcónes in La Orotava.

Special ALEXANDER VON HUMBOLDT

Stippvisite auf Teneriffa

„Ich verlasse Teneriffa fast mit Tränen in den Augen. Am liebsten würde ich ständig hier leben".
So schrieb der deutsche Naturforscher Alexander von Humboldt 1799. Auf seiner Reise nach Südamerika legte er eine fünftägige Stippvisite auf Teneriffa ein. Sozusagen aus dem Stehgreif heraus teilte er die verschiedenen Vegetationszonen nach Höhenstufen ein. In La Orotava bestaunte Humboldt den zu jener Zeit wohl mächtigsten Drachenbaum der Insel und nutzte den Aufenthalt für die damals überaus beschwerliche Besteigung des Pico del Teide. Es muss wohl ein kühler Juni gewesen sein. Dennoch genoss Humboldt „starr vor Kälte" das großartige Gipfelpanorama auf den „ungeheuren Meereshorizont". Und ganz nebenbei entdeckte Humboldt auf der Bergtour etliche endemische Pflanzen, darunter das Teide-Veilchen. Nahe La Orotava ist ein Aussichtspunkt nach dem Forscher benannt.

Vom Mirador de Humboldt blickte der Naturforscher 1799 aufs Orotrava-Tal.

dreißigjährige in ihrer Autobiografie. Das hat sich mittlerweile geändert. Zwar kann Puerto de la Cruz nicht gerade mit Traumstränden aufwarten, doch Baden kann man schon. Und dazu völlig ungefährlich im Lago Martiánez. Die von Cesar Manrique gestaltete und mondän anmutende Badelandschaft zieht heute ein Millionenpublikum an.

DAS ENDE DER GUANCHEN

Auf halbem Weg zwischen Puerto de la Cruz und La Laguna rauscht der Autobahnverkehr an La Matanza und La Victoria vorbei. In den beiden Orten wurde vor gut 500 Jahren das Schicksal der Guanchen besiegelt. Die Ortsnamen sprechen für sich. In La Matanza (das Gemetzel) fand eine der blutigsten Schlachten in der Eroberungsgeschichte der Kanaren statt, an der Stelle des Ortes La Victoria (der Sieg) fiel schließlich die Entscheidung. Maßgeblichen Anteil an der Eroberung Teneriffas hatte der andalusische Adelige Alonso de Lugo. Als Generalkapitän in Diensten der Katholischen Könige Ferdinand II. und Isabella I. hatte er bereits Gran Canaria und La Palma erobert. Lugo landete 1494 mit 1000 Mann auf Teneriffa. Während einige Stammeshäuptlinge im Süden mit den Eindringlingen kooperierten, leistete das Königreich Taoro im heutigen Orotavatal heftigsten Wider-

Die Schönheiten am äußersten Nordwestzipfel Teneriffas: die Gassen von Masca (rechts) und der Drachenbaum von Icod (S. 47). Zwischen beiden Orten liegt Garachico (unten) mit seinen Naturschwimmbädern (S. 47 unten).

stand. Bei dem Versuch das Tal zu erobern, geriet Lugos Truppe in einen Hinterhalt und wurde fast vollständig aufgerieben. Schwer verletzt rettete sich der Generalkapitän mit einer Handvoll Überlebender nach Gran Canaria. Unverzagt bereitete Lugo von dort aus einen neuen Feldzug vor. An Weihnachten 1495 kam es zur vorentscheidenden Schlacht, bei der die durch eine eingeschleppte Epidemie stark geschwächten Guanchen gegen die militärisch nun haushoch überlegenen Spanier den Kürzeren zogen – insgesamt sollen mehrere Tausend Ureinwohner gefallen sein. Viele der Überlebenden wurden versklavt, andere nahmen den christlichen Glauben an und assimilierten sich mit den Europäern. Die neuen Herren teilten das Land unter sich auf, holten Siedler vom Festland auf die Insel und gründeten Städte. Teneriffa wurde so zum Modell für die bereits angelaufene Unterwerfung Mittel- und Südamerikas.

Teneriffa wurde 1495 zum Modell für die bereits angelaufene Unterwerfung Mittel- und Südamerikas.

RÄTSELHAFTE UREINWOHNER

Doch wer waren diese Guanchen, die wie ein Steinzeitvolk bis zum Anbruch der Neuzeit auf den Kanaren lebten? Wo kamen sie her und wie war es möglich, dass sie lange Zeit fast unbemerkt vom Rest der Welt am Rande der Zivilisation siedelten? Bis ins 14. Jahrhundert hinein fuhren nur wenige Schiffe die afrikanische Küste ab. Amerika war bis dato genauso wenig entdeckt, wie der Seeweg nach Indien. Zwar soll es schon in der Antike sporadische Kontakte zu den hinter den Säulen des Herkules gelegenen „Inseln der Glückseligen" gegeben haben. Doch die Kanaren versanken dann wieder ein ganzes Jahrtau-

Punta de Teno: der Leuchtturm an Teneriffas Nordwestspitze

Zuschauer sind willkommen: beim Kartenspielen auf der Plaza de la Libertad von Garachico.

send im Dunkel der Geschichte. Niemand schien sich um die der nordwestafrikanischen Küste vorgelagerte Inselgruppe zu kümmern. Vergessen von der Welt lebte dort ein den Berbern verwandtes Volk, das vor etwa 3000 Jahren von Nordwestafrika in Booten auf die nur 100 km entfernten Kanaren übergesetzt war. Sie kannten weder Metalle noch das Rad, stellten ihre Keramik ohne Töpferscheibe her.

EINE UNTERGEGANGENE KULTUR

Nur wenige Relikte erinnern heute an die durch die spanische Eroberung so gut wie ausgelöschte Kultur. Bei einem Besuch in dem kleinen Archäologischen Museum von Puerto de la Cruz wird der Besucher mit steinzeitlichen Relikten konfrontiert, wie sie simpler nicht sein könnten. Bevorzugter Werkstoff von Teneriffas Ureinwohnern war grob behauener Basaltstein, der zu einfachsten Handäxten und anderen Werkzeugen geschliffen wurde. Obsidiansplitter dienten als Messer, Ziegenhörner als Speerspitzen. Die Guanchen wohnten bis ins ausgehende Mittelalter in Höhlen und kleideten sich in Ziegenfelle. Relativ gut bekannt ist ihr Totenkult. Das Überraschende: Die Toten wurden mit Bienenwachs und Harz präpariert, in gegerbte Ziegenhäute eingeschlagen und in Höhlenfriedhöfen bestattet. Ähnlichkeiten zur Mumifizierung im Alten Ägypten sind offensichtlich, wenn auch die auf den Kanaren angewandte Technik lange nicht so ausgefeilt war. Von der Sprache der Ureinwohner ist nur noch ein begrenzter Wortschatz erhalten, der sich vornehmlich auf Orts- und Flurnamen, etwa Adeje, Tacoronte und Taganana, beschränkt. Auch der Inselname hat altkanarische Wurzeln, er wird auf die Wörter tener (Schnee) und fe (Berg) zurückgeführt.

INTERVIEW

Ein Gastgeber mit Know-how

Enrique Talg betreibt gemeinsam mit seinen beiden Schwestern Úrsula und Irene Talg das Hotel Tigaiga in Puerto de la Cruz. Die Familie führt das beliebte Hotel bereits in der dritten Generation.

Enrique Talg, der auch in der Hotelfachschule Dortmund ausgebildet wurde, leitet das Hotel Tigaiga in Puerto de la Cruz.

Señor Enrique Talg leitet mit seinen Schwestern Irene und Úrsula das Vier-Sterne-Hotel Tigaiga in Puerto de la Cruz. Das Traditionshaus liegt im Taoro-Park oberhalb der Altstadt. Palmen und Ziergewächse aus allen Kontinenten schmücken den prächtigen Hotelgarten.

Herr Talg, Ihre Familie führt das Hotel Tigaiga in der dritten Generation. Ihr Großvater stammt aus Deutschland. Das Hotelfach wurde Ihnen sozusagen in die Wiege gelegt?

Ja, genau. Nach dem Abitur und der Militärzeit auf dem spanischen Festland kam dann die Fachausbildung. Ich absolvierte im Kölner Hyatt eine Hotelfachlehre, besuchte anschließend kurz eine Schweizer Hotelfachschule und schloss dann die Ausbildung auf der Hotelfachschule in Dortmund ab.

Was das Wetter angeht, steht in den Wintermonaten der sonnige Inselsüden bei vielen Urlaubern höher im Kurs als das dann vielfach unter einer Passatwolke liegende Puerto de la Cruz.

Mit dem Standortvorteil meinte ich weniger das Wetter, sondern die Lage im grünen Orotava-Tal. Ich denke, dass Gäste, die Puerto als Ferienziel wählen, völlig von jenen verschieden sind, die im trockenen Süden Teneriffas urlauben. Im Süden sind die Sonnenanbeter, im Norden sind es eher Gäste, die sich für die Insel und ihre Menschen in-

Zu Enrique Talgs Tätigkeiten gehört auch die Mitwirkung bei der Organisation einer Oldtimer-Rallye.

Enrique Talg bei der morgendlichen Mitarbeiterbesprechung.

„Mir tut weh, was der Tourismus aus dem Süden gemacht hat."

teressieren. Mir tut es im Grunde weh, was der Tourismus aus dem Süden gemacht hat – der Bauboom, die Grundstücksspekulation. Rückblickend gesehen, hätte man das anders lenken können. Wer in einem Ferienkomplex in Las Américas oder Costa Adeje wohnt, weiß nicht, ob er gerade in der Dominikanischen Republik oder an der Türkischen Riviera ist.

Viele genießen den Luxus der nagelneuen Fünf-Sterne-Hotels an der Costa Adeje, dazu Sonne satt und Strände, an denen man fast das ganze Jahr über gefahrlos baden kann.

Absolut, doch ich denke, dass die Gäste im Hotel Tigaiga etwas anderes suchen. Sie gehen mal hinunter in die nette Altstadt von Puerto, machen Wanderungen und Ausflüge. Sicherlich kann sich heutzutage niemand erlauben, der Entwicklung im Süden mit verschränkten Armen zuzusehen. Wir sprechen einen anderen Markt an als die dortigen Nobelherbergen.

Ihr Hotel wurde mehrfach mit Umweltpreisen ausgezeichnet. Woran merkt der Gast, dass im Tigaiga etwas anders gemacht wird als üblich?

Den Anfang machte schon unser Vater, als er 1982 auf dem Dach eine Solaranlage installieren ließ. Das fängt bei uns heute mit der Mülltrennung an, die auf Teneriffa nicht so selbstverständlich ist wie in Mitteleuropa. Durch große Fenster nutzen wir so weit wie möglich das Sonnenlicht. In den Fluren hängen Energiesparlampen, statt Schnittblumen gibt es bei uns mehr Topfpflanzen, in der Hotelküche werden bevorzugt auf der Insel angebaute Lebensmittel verarbeitet, soweit auf dem Markt erhältlich auch Bioprodukte. Wenn man aufmerksam ist, wird man tausend weitere kleine und große Dinge entdecken können.

Herr Talg, der Tourismus hat Teneriffa unbestritten Wohlstand gebracht, doch sicherlich auch einige neue Probleme. Etwa die rasante Zunahme der Bevölkerung und damit verbunden den enorm angestiegenen Straßenverkehr. Wie denken denn Sie darüber?

Ich stehe auch manchmal im Stau. Die Inselregierung versucht gegenzusteuern, etwa mit der neuen Straßenbahn von Santa Cruz nach La Laguna. An die Costa Adeje ist ebenfalls eine Bahnverbindung geplant.

Glauben Sie, dass mit etwa jährlich fünf Millionen Gästen eine Obergrenze erreicht ist oder kann die Insel doch noch mehr verkraften?

Aufnehmen geht immer, die Frage ist nur auf wessen Kosten das geht. Für mich heißt das nicht unbedingt, den wertvollen Platz, den wir haben, mit neuen Hotelkomplexen und Wohnvierteln zuzubauen. Also nicht weiter bauen, sondern verbessern, was bereits da ist.

FAKTEN

Hotel Tigaiga
Parque Taoro 28
E-38400 Puerto de la Cruz
Teneriffa, Islas Canarias, Spain
Tel. 922 38 35 00
Fax 922 38 40 55

www.tigaiga.com

Ein großes Plus des Hotels Tigaiga ist die sensationelle Lage am Rande des Taoro-Parks, oberhalb des Ortskerns von Puerto de la Cruz.

TENERIFE
PUERTO DE LA CRUZ
La Orotava
Santa Ursula
La Victoria
Los Realejos
San Juan de la Rambla
La Guancha
Icod de los Vinos
Garachico
El Tanque
Los Silos
Buenavista del Norte
Macizo de Teno
Santiago del Teide
Puerto de Santiago
Los Gigantes
Acantilado de los Gigantes
Guía de Isora
Playa de San Juan
Valle de Orotava
Parque Natural
Laderas del Teide
Parque Nacional del Teide
Las Cañadas
Pico Viejo
Pico de Teide
Parque Forestal de Corona
Puerto de Izaña
El Portillo
Arico el Nuevo
Punta de Teno
01
02
03
04
05
Maßstab 1:175.000
0
2
4km

Wo der Tourismus begann

Teneriffas grüner Norden wird von Weinbergen und weitläufigen Bananenplantagen geprägt. Größte Ferienstadt ist Puerto de la Cruz am Ausgang des fruchtbaren Orotavatals. Der Ort bietet sich als Standort für Ausflüge in die beschaulichen Landstädtchen der Umgebung und das Teno-Massiv im äußersten Nordwesten an.

Kapelle San Telmo (1783) steht direkt an der Strandpromenade von Puerto de la Cruz.

01 PUERTO DE LA CRUZ

Die Gartenstadt (31 000 Einw.) an der Nordküste ist mit ihrer herausgeputzten Altstadt, dem berühmten Botanischen Garten und reizvollen Badeplätzen einer der angenehmsten Ferienorte der Kanaren. Der Wandel zur Ferienhochburg brachte allerdings etliche weniger ansehnliche Hotelbauten mit sich.

Sehenswert

Das Herzstück der Altstadt nimmt die **Plaza del Charco** ein. Ältestes Haus am Platz ist der Rincón del Puerto (1739) mit einem von umlaufenden Veranden gezierten schmucken Innenhof. Westlich vom Platz führen schmale Sträßchen durch das alte Fischerquartier **La Ranilla**. Dutzende von Restaurants machen das Viertel zur beliebten Ausgehzone. Die **Casa de la Real Aduana**, das alte Zollhaus von 1620, beherbergt heute die Touristeninformation und eine Sammlung zeitgenössischer Kunst. Östlich von der Plaza del Charco erreicht man die **Iglesia Nuestra Señora de la Peña de Francia** mit schönem Barock-Altar und einer von Luján Pérez geschaffenen Schmerzensmadonna. Oberhalb von der Altstadt lohnt ein Spaziergang durch den Garten **Sitio Litre** (Jardín de Orquídeas) mit altem Baumbestand und farbenprächtigen Orchideen (Camino del Robado, tgl. 9.30 – 14.30 Uhr). Einen umfassenden Einblick in die exotische Pflanzenwelt aus allen fünf Kontinenten erlaubt der **Jardín Botánico** im Ortsteil La Paz (Calle Retama 2; tgl. 9.00 bis 18.00 Uhr). Die gelungene Mischung aus Zoo, Tiershows und botanischem Garten machte den **Loro Parque** ▶**TOPZIEL** trotz hoher Eintrittspreise (31,50 €) zum Besuchermagneten. Der Themenpark besitzt mit mehr als 350 Arten die größte Papageiensammlung der Welt. Shows mit Schwertwalen, Delfinen und Seelöwen haben den bunten Exoten mittlerweile den Rang abgelaufen (Avenida Loro Parque s/n, www.loroparque.com, tgl. 8.30–18.45, letzter Einlass um 16.00 Uhr). Das **Museo Arqueológico** zeigt eine Sammlung zur Geschichte der Guanchen (Calle del Lomo 9 A, Di.–Sa. 10.00 bis 13.00, 17.00–21.00, So. 10.00–13.00 Uhr).

Strände

Die **Playa de Jardín** ist mit fast 1 km Länge der größte Stadtstrand, doch mit teilweise starker Brandung. Völlig gefahrlosen Badebetrieb erlaubt die von dem lanzarotischen Künstler César Manrique entworfene **Costa Martiánez** ▶**TOPZIEL**. Die verspielte Badelandschaft mit einem künstlichen See und vier großen Meerwasserpools wurde jüngst komplett überholt (tgl. 10.00–17.00, im Sommer bis 20.00 Uhr).

Veranstaltung

An der **Fiesta de San Juan** am 23. Juni werden nach altem Brauch die Ziegen im Meer gebadet und an der Playa Jardín nach Sonnenuntergang Johannisfeuer entfacht. Höhepunkt der **Fiestas de Julio** (Mitte Juli) ist eine Schiffsprozession, bei der auf kleinen Booten ein Standbild der Heiligen Jungfrau aufs Meer gerudert wird.

Ausgehen

An Roulette- und Kartentischen des **Spielkasinos** kann man überflüssiges Geld loswerden (Lago de Martiánez, www.casinosdetenerife.com, Mo.–Fr. 20.00–3.00, Sa. 20.00–4.00 Uhr).

Restaurants

Mehrfach mit Gastronomiepreisen dekoriert: das **€€ Régulo**, reservieren! (Calle Pérez Zamora 16, Tel. 922 38 45 06, So. Ruhetag).
Preiswerte Pizza und Pasta bietet **€ Mamma Rosa** (Calle el Lomo 6, Tel. 922 38 04 51).

Information

Oficina de Turismo
Calle Las Lonjas s/n, Casa de la Aduana
Tel. 922 38 60 00, www.todotenerife.es
Mo.–Fr. 9.00–19.00, Sa. 9.00–12.00 Uhr

02 LA OROTAVA

Das Landstädtchen (40 000 Einw.) bildet den geschäftigen Mittelpunkt im fruchtbaren Orotavatal. Die gut erhaltene Altstadt wartet mit schönen Kirchen und Adelspalästen auf. Schon bald nach der Stadtgründung im Jahr 1506 brachte die Ausfuhr von Zuckerrohr und Wein den Einwohnern einen bescheidenen Wohlstand. La Orotava war damals nach La Laguna die zweitwichtigste Siedlung der Insel.

Tipp

Made in Tenerife

Der überwiegende Teil des Souvenirangebots auf Teneriffa stammt nicht von der Insel, vieles davon wird aus Fernost importiert. Wer auf Kunsthandwerk „Made in Tenerife" aus ist, wird mit dem unter Kontrolle der Inselregierung vertriebenen Label Artenerife bestens bedient. In eigenen Läden, beispielsweise im alten Zollhaus in Puerto de la Cruz und der Casa Torrehermosa in La Orotava, werden u.a. Stickereien, Keramik und Holzschnitzereien angeboten.

alle Läden unter www.artenerife.com

Wer ist die Schönste – bei den Feierlichkeiten zu Fronleichnam in La Orotava

Sehenswert

In der Altstadt erlaubt die **Plaza de la Constitución** eine wunderbare Aussicht hinab ins Orotavatal. An der Stirnseite des Platzes steht das ehemalige Augustinerkloster, von dem die in üppigem Barock ausgestattete Stiftskirche zugänglich ist. Schräg oberhalb von der Plaza thront über einer gepflegten Gartenanlage der architektonisch interessante Liceo de Taoro (1928), heute Sitz einer Kulturgesellschaft. Unterhalb vom spätklassizistischen Rathaus (1871) lohnt die zum spanischen Nationaldenkmal erklärte **Iglesia de la Concepción** (1768 bis 1788) einen Besuch. Mit ihrer freitragenden Kuppel, der barocken Fassade und der wertvollen Innenausstattung gehört sie zu den bedeutendsten Sakralbauten Teneriffas. Im ehemaligen Dominikanerkloster stellt das **Museo Artesanía y Iberoamericana** eine vorzügliche Sammlung an südamerikanischem Kunsthandwerk aus (Calle Tomás Zerolo 34, Mo.–Sa. 9.00 bis 15.00 Uhr).

Erleben

Spannend für Kinder: Teneriffa im Kleinformat wird im **Pueblo Chico** geboten. Im Maßstab 1:25 sind rund 60 herausragende Baudenkmäler und Landschaften nachgebildet (Autobahnausfahrt 35, Camino Cruz de los Martillos 62, www.pueblochico.com, tgl. 9.00–18.00 Uhr).

Veranstaltung

La Orotava ist für das **Fronleichnamsfest** (Mai/Juni) berühmt. Der Rathausplatz und die angrenzenden Gassen werden alljährlich mit kunstvollen Sandbildern und Blumenteppichen ausgelegt.

Einkaufen

Auf dem **Mercadillo del Agricultor** werden lokale landwirtschaftliche Produkte verkauft. Der Bauernmarkt findet jeden Samstag in der Markthalle La Torrita (nahe Plaza de San Agustín) statt. In der **Casa de los Balcones**, einem wunderschönen Balkonhaus von 1632, wird eine Riesenauswahl an Handarbeiten und Webteppichen angeboten.

03 ICOD DE LOS VINOS

Ein betagter Drachenbaum macht die von Weinbergen und Bananenplantagen umringte Weinstadt (24 000 Einw.) zu einem viel besuchten Ausflugsziel. Von dem Ort hoch über der Nordküste zeigt sich der Vulkankegel des Teide besonders eindrucksvoll.

Sehenswert

Im **Parque del Drago** ▶**TOPZIEL** steht der älteste Drachenbaum der Kanarischen Inseln. Von den Canarios als tausendjähriger Baum (Drago Milenario) gepriesen, schätzen Botaniker den Baum allerdings „nur" auf etwa 500 Jahre. Mit baumchirurgischen Eingriffen wird versucht, den sichtlich altersschwachen Methusalem noch ein paar weitere Jahre am Leben zu halten (www.parquedeldrago.es, tgl. 9.30–18.30 Uhr).

In der Iglesia San Marcos birgt das kleine **Kirchenmuseum** wertvolle Kunstschätze, darunter ein großes in Kuba gefertigtes Silberkreuz und eine mit Juwelen besetzte Monstranz aus dem 18. Jh. (Mo.–Fr. 9.00–18.30, Sa. 9.00 bis 15.00 Uhr).

Umgebung

Die **Cueva del Viento** im Ortsteil Amparo ist mit 14 km einer der längsten Lavatunnel der Welt. Ein etwa 170 m langes Teilstück ist zugänglich (www.cuevadelviento.net).

04 GARACHICO

Die einzigartige Lage der auf einen ins Meer ragenden Landsporn platzierten Kleinstadt (5500 Einw.) offenbart sich am besten vom Mirador de Garachico. Der Ort war nach der Conquista einer der wichtigsten Ausfuhrhäfen für Wein und Zucker, bis 1706 ein Vulkanausbruch den Naturhafen verschüttete. Die von Bausünden verschont gebliebene Altstadt gehört heute zu den schönsten auf der Insel.

Sehenswert

Das Altstadt-Ensemble an der **Plaza de la Libertad** atmet noch ganz den Geist des 18. Jh. Neben dem Franziskanerkonvent und der Stiftskirche Glorieta de San Francisco demonstriert der Palacio de La Gomera die früher dominierende Stellung des Landadels. Die Kirche des ein paar Schritte entfernten Dominikanerklosters wird als Ausstellungsforum für zeitgenössische Kunst genutzt. Die Uferstraße führt am **Castillo de San Miguel** vorbei, es wurde 1575 errichtet und überstand den Vulkanausbruch 1706 unbeschadet.

Tipp

Abseits des Trubels

Die Ermita San Telmo an der Uferpromenade ist eines der Wahrzeichen von Puerto de la Cruz. Das Kirchlein von 1780 mit seinem pittoresken Glockengiebel ist dem Schutzpatron der Seeleute geweiht. Jeden Sonntagvormittag um 10.00 Uhr findet in der Ermita ein deutschsprachiger katholischer Gottesdienst statt. Fächerpalmen, Riesenstrelitzien und ein Drachenbaum rahmen den hübschen Platz ein.

Veranstaltung
Die **Romería de San Roque** (Mitte August) ist dem Schutzpatron der Stadt gewidmet und wird mit einer Prozession und dem Baile de Magos, einem Trachtentanz, gefeiert.

Hotel
€€€ Das Designerhotel **La Quinta Roja** war ursprünglich die Residenz des Markgrafen. Die 20 Zimmer um den lauschigen Innenhof sind mit edlen Hölzern ausgestattet und geschmackvoll möbliert. Trotz der Lage im Herzen der historischen Altstadt ruhig mit fast ländlichem Flair (Glorieta de San Francisco, Tel. 922 13 33 77, www.quintaroja. com).

Restaurant
Ein Grilllokal mit kanarischer Kost ist die €€ **Casa Gaspar** am Ortsausgang in Richtung Buenavista (Avenida República de Venezuela 2, Tel. 922 83 00 40).

Umgebung
Unter Golfern hat sich **Buenavista del Norte** (10 km westl.) einen Namen gemacht. Der von dem spanischen Golfprofi Severino Ballesteros gestaltete 18-Loch-Parcours gilt als einer der schönsten auf Teneriffa (www.buenavistagolf. es). Von dem Landstädtchen führt eine abenteuerliche Straße am Fuß des steil aufragenden Teno-Massivs zur **Punta de Teno** in der westlichsten Inselecke.

05 MASCA

Das Bergdorf (100 Einw.) in einem Talkessel im Teno-Massiv kann sich tagsüber kaum vor Ausflüglern retten. Schon die Anfahrt auf der schmalen Serpentinenstraße ist ein Erlebnis.

Sehenswert
Das **Ortsbild** wird von Bauernhäuschen geprägt, die sich malerisch an Felswände schmiegen und auf Bergrücken ducken.

Restaurants
Etliche Ausflugslokale mit lokalen Spezialitäten garantieren eine prächtige Aussicht ins Tal.

Wandern
Faszinierend ist der gut dreistündige Abstieg durch den **Barranco de Masca** ▶TOPZIEL Am besten schließt man sich einer organisierten Wandergruppe an. Dies beinhaltet auch den Bootstransfer von der Playa de Masca zum Hafen von Los Gigantes – man spart sich so den beschwerlichen Wiederaufstieg. Die Masca-Tour hat z.B. der österreichische Bergwanderführer Helmut Frühauf im Programm (Tel. 922 36 43 24, www.fruehauf-wandern.com).

DuMont Aktiv

Im Urlaub Spanisch lernen

Warum nicht das Nützliche mit dem Schönen verbinden? In Puerto de la Cruz bietet die Sprachschule Don Quijote Kurse an, effektiv und dabei mit viel Urlaubsfeeling.

Puerto de la Cruz ist neben seinen Kolonialhäusern und modernen Ferienanlagen besonders für seine Playa de Martiánez mit ihrem schwarzen Sand bekannt. Und nur fünf Minuten zu Fuß sind es von der Schule Don Quijote bis zum Strand, die seit dem Jahr 2000 Sprachkurse vermittelt. In dem typisch kanarischen Gebäude Bélgica gibt es sieben Klassenzimmer, einen schmucken Innenhof, einen Multimediaraum und eine Bibliothek. Salomé Torres, die Leiterin, legt wert auf kleine Gruppen und persönliche Betreuung. Alle Lehrer sind Muttersprachler und wissen, dass Grammatik nicht alles ist. So lernt man spielerisch die Details, um auch auf dem Markt einkaufen zu können, mit den Bewohnern ins Gespräch zu kommen und natürlich auch zum beliebten Strand zu gehen: vamos a la Playa Martiánez ...

Pauken muss nicht öde sein.

Optimal: das Gelernte gleich anwenden

SCHÜLER AUS ALLER WELT
Die Klassen sind international zusammengestellt, sogar Brasilianer und Isländer waren hier schon eingeschrieben. Die Schule vermittelt die Unterbringung in Apartments und bei Familien. Die Kurse haben faire Preise und der Aufenthalt hier wird von einigen Bundesländern als Bildungsurlaub anerkannt, darunter von Hamburg, Hessen und Niedersachsen.

WEITERE INFORMATIONEN

- **Gruppenstärke:**
bis zu 8 Teilnehmern
- **Levels:**
Anfänger, Mittelstufe, Fortgeschrittene
- **Unterkunft:**
vermittelt die Schule
- **Kontaktdaten:**
Don Quijote
Avda. de Colón, 14
38400 Puerto de la Cruz
Tel. 923 26 88 60

www.donquijote.org

Kontinent im Kleinen

Dem Winter entfliehen! Doch abseits der künstlichen Welten in Teneriffas Süden gibt es noch andere Gründe, auf der Frühlingsinsel Ferien zu machen. Auf relativ kleinem Raum bietet Teneriffa grandiose Landschaften wie aus dem Bilderbuch. Kontinent im Kleinen wird die Insel nicht zu unrecht genannt. Ein Ausflug in den Teide-Nationalpark ist schlichtweg überwältigend.

Das begeistert nicht nur ausgesprochene Naturliebhaber: Los Roques und im Hintergrund der Teide, der höchste Berg Spaniens.

Eine 12 Kilometer lange Strandpromenade zieht sich von Los Cristianos aus nach Norden.
Unterwegs passiert man auch den Yachthafen Puerto de Colón von Playa de las Américas.

Tourismus total – dafür steht die ab 1966 aus dem Boden gestampfte Playa de las Américas.

Aus wirtschaftlicher Sicht hat Teneriffas Süden eine beispiellose Erfolgsgeschichte im modernen Tourismus hingelegt. Noch vor 40 Jahren war der Küstenstrich bis auf ein paar winzige Fischerorte so gut wie menschenleer. Niemand wollte in der von der Sonne ausgebrannten Halbwüste wohnen, und schon gar nicht dicht am Meer. Straßen, Strom und Kanalisation gab es ohnehin nicht. Doch plötzlich ging alles irrsinnig schnell.

Noch vor 40 Jahren war der Küstenstrich bis auf ein paar winzige Fischerorte so gut wie menschenleer.

Ein paar weitsichtige Politiker und finanzkräftige Unternehmer stellten auf dem bis dato für wertlos erachteten billigen Bauland quasi über Nacht eine ganze Region auf den Kopf. Zwischen Los Cristianos und La Caleta erstreckt sich heute auf einer Länge von 16 km eine riesige Hotelstadt mit Platz für mehr als 100 000 Gäste. Sofern alle Betten belegt sind, also eine richtige Großstadt.

LUXUS AN DER COSTA ADEJE

So manche für den Billigtourismus in Windeseile hochgezogene Bettenburg ist mittlerweile in die Jahre gekommen und wird kurzerhand für Neues wieder abgerissen. Das neue Zauberwort im Süden heißt Qualitätstourismus. Am konsequentesten ist dieses Konzept in Costa Adeje verwirklicht. Binnen weniger Jahre entstand ein ultramodernes Hotelviertel mit exklusiven Designerresorts, die auf den Kanaren, ja in ganz Spanien einzigartig sind. Die Dichte an Fünf-Sterne-Häusern ist enorm. Wohltuend hebt sich die detailverliebte Architektur von den Bausünden früherer Jahre ab. Schlagbäume halten neugierige Besucher außen vor, manche Resorts wie das Gran Hotel Bahia del Du-

Hotellandschaft Gran Bahía del Duque an der Costa Adeje: An diesem Küstenabschnitt ist alles eine Spur edler und teils auch ruhiger.

Blick vom Gran Hotel Anthelia auf die Hotelskyline von Costa Adeje

Weiter östlich gehören die Strände den Wassersportlern. Windig ist es in dem kleinen Ferienort El Médano fast immer – zur großen Freude der zahlreichen Wind- und Kitesurfer.

que, haben extra Besichtigungszeiten eingerichtet. Kurz vor der Milleniumswende eröffnet, machte die im viktorianischen Stil gehaltene Hotellandschaft den Anfang. Mit gewollt altmodischem Touch zieht das Nobelresort genauso Nostalgie suchende Gäste an, wie jene, die sich dem modernen Zeitgeist verschrieben haben. Marmor allerorten, ein exklusiver Spa- und Wellnessbereich, Gartenvillas mit eigenem Pool – und wer das nötige Kleingeld hat, kann sich gar einen persönlichen Butlerservice leisten. Fish- & Chipsbuden und bierselige Schunkellokale konnten sich im Umfeld der Luxusresorts bislang nicht etablieren, auch Karaokelokale und Spielsalons haben einen schweren Stand. Im Trend liegen dagegen Erlebnisgastronomie und Sushi-Bars, und wer auf Bewegung aus ist, findet dies auf einem der umliegenden Golfplätze.

DER KONTRAST IM HINTERLAND

Was für ein Kontrast nur wenige Kilometer abseits von der Küste! Sobald man die Verwaltungs- und Versorgungsstadt Granadilla hinter sich gelassen hat, scheint die Welt im Süden wieder im Lot. Ein kurviges Landsträßchen verbindet mit Güimar weiter nordöstlich. Nicht am Meer, sondern hier spielte sich früher das Leben ab. An der von Eukalyptusbäumen und Tamarisken gesäumten Straße reiht sich ein Landstädtchen ans andere. Alle liegen sie im touristischen Abseits, in das sich nur wenige Ausflügler verirren. Selbst die Natur zeigt sich an der Südostabdachung des Teide versöhnlicher. Gelegentliche Niederschläge ermöglichen im Hinterland seit alters einen bescheidenen Trockenfeldbau. Doch aufgelassene Terrassen zeigen, dass die Landwirtschaft stark rückläufig ist, viele Felder liegen brach. Da, wo heute noch Kartoffeln und etwas Wein kultiviert werden, wird künstlich bewässert. Etliche Schluchten durchbrechen die zum Meer abfallenden Hänge, wie tiefe Narben durchziehen sie den weichen Tuff.

Schwarzer Sand zeichnet die Playa de la Arena in Puerto de Santiago aus. Doch es muss nicht immer Wassersport sein: Gute Bedingungen finden Golfer auf dem Golfplatz Abama. Häufig anzutreffen: der Feigenkaktus oder Opuntie, der ursprünglich nicht auf den Kanaren heimisch ist.

Von der Ferienstadt Los Gigantes schaut man auf die gleichnamige Felswand.

VERTRÄUMTES ARICO NUEVO

Das schönste Dorf zwischen Granadilla und Güimar ist unbestritten Arico. Nicht etwa Villa de Arico und auch nicht Arico Viejo, sondern das ein Stück unterhalb von der TF-28 auf einen Bergrücken gesetzte Arico Nuevo. Im Grunde besteht der verträumte Weiler nur aus einer Häuserzeile, fast alle Türen und Fenster sind grün gestrichen, und kein Neubau vermochte sich bislang zwischen die alte Bausubstanz zu schmuggeln. So hat man den ganzen Ort unter Denkmalschutz gestellt. Auch Fasnia hat seine Geschichte. Das Städtchen entging vor 300 Jahren haarscharf einer Katastrophe, als ein Lavastrom an der Siedlung vorbeifloss. Aus Dankbarkeit errichteten die Einwohner auf der vorgelagerten Montaña die Ermita Virgen de los Dolores. Von der weithin sichtbaren Kapelle starten heute Gleitschirmflieger.

TOR ZUR HÖLLE

Wie aus einem vulkanologischen Lehrbuch überragt der formvollendete Kegel des Pico del Teide seit einer halben Million von Jahren die Insel. Es ist ein Berg der Superlative. Der Teide ist mit seinen 3718 m nicht nur der höchste Gipfel der Kanaren, sondern zugleich ganz Spaniens. Nimmt man den untermeerischen Sockel hinzu, kommt der Bergstock auf die stolze Höhe von 7500 m – damit gehört er weltweit zu den ganz Großen. Sofern keine Wolken den Gipfel umhüllen, ist das Inselwahrzeichen von fast allen Orten Teneriffas präsent. Im Winter können Badegäste vom Strand aus einen Blick auf den mitunter verschneiten konischen Gipfel werfen. Für die Guanchen verkörperte dieser Vulkan allerdings das Böse schlechthin.

VON NULL AUF 3718 METER

Egal, welche Auffahrt zum Teide im Herzen der Insel gewählt wird, immer ist der Weg mit reichlich Kurven gespickt und immer gilt es enorm viele Höhenmeter zu bewältigen. Zunächst wird ein Waldgürtel aus Kanarenkiefern durchquert, der sich als grünes Band um das ansonsten ausgesprochen karge Vulkanmassiv des Teide zieht.

Auf dem Teide angekommen, eröffnet sich eine Szenerie wie aus einer anderen Welt.

Echeyde (Hölle) nannten sie den Berg, auf dem der Feuer speiende Dämon Guayote sein Unwesen trieb und Lava und Asche herunterregnen ließ.
Der letzte Ausbruch des Teide ereignete sich 1909, als sich aus einem Nebenkrater ein Lavafluss ergoss, der erst kurz vor dem Landstädtchen Santiago del Teide zum Stehen kann. Weniger glimpflich kam 200 Jahre vorher die bis dato blühende Hafenstadt Garachico weg – sie versank bei der Eruption von 1706 größtenteils unter Schutt und Asche.

Auf gut 2000 m angekommen, öffnet sich eine Szenerie wie aus einer anderen Welt, die einer aus dem Feuer geborenen ausgebrannten Mondlandschaft gleicht. An der von Wind und Wetter geschliffenen Felsformation Los Roques treffen in der Hochsaison am späten Vormittag die Busgesellschaften fast im Minutentakt ein. Begehrtestes Fotomotiv ist der 30 Meter hohe Roque Chinchado, hinter dem sich der Teide in seiner ganzen Größe zeigt. Wer ganz hoch hinaus will, nimmt die Seilbahn zum Gipfel. Auf der Rambleta in einer

Im Parque Nacional del Teide muss jeder Teneriffa-Urlauber einmal gewesen sein.

Auf dem Berg Izaña steht in 2367 m Höhe das Observatorio del Teide.

Mit der Seilbahn geht es sehr bequem aufwärts zum Teide-Gipfel. Mit 3718 m ist der Berg der höchste nicht nur der Kanaren, sondern ganz Spaniens.

Der gesamte Nationalpark bietet eine Fülle hochinteressanter geologischer Phänomene. Paisaje Lunar, eine Landschaft aus bizarren Tuffsteinsäulen, zählt zu den beliebtesten Zielen auf der Insel.

Höhe von 3555 m ist allerdings Schluss, es sei denn, man hat eine von der Nationalparkverwaltung ausgestellte schriftliche Genehmigung in der Tasche, die erlaubt, die letzten 163 Höhenmeter zum Gipfel aufzusteigen. Doch auch so ist das Erlebnis einzigartig. Weniger anstrengend als der finale Gipfelanstieg durch die bereits merklich dünnere Luft ist auf gut ausgebautem Weg die Kurzwanderung zum Mirador Pico Viejo. Von dem luftigen Aussichtspunkt kann direkt in die schüsselförmige Krateröffnung des Vulkans Pico Viejo geschaut werden, die nebenbei bemerkt viel eindrucksvoller ist, als der eher bescheidene Krater des Teide selbst. Ganz wichtig: einen warmen Pulli und eine Windjacke nicht vergessen – auf dem Berg liegt selbst im Hochsommer die Temperatur nur wenige Grad über Null.

NATURERBE ÜBER DEN WOLKEN

Aus geologischer Sicht ist die bizarre Vulkanlandschaft rund um den Teide einzigartig. Kein Wunder, dass schon frühzeitig daran gedacht worden ist, die Region zu schützen. Seit 1954 ist das Gebiet als Nationalpark ausgewiesen, und steht seit 2007 auch auf der UNESCO-Weltnaturerbeliste. Jährlich kommen fast vier Millionen Besucher in den Nationalpark. Außer der großartigen Vulkanlandschaft kann die Teide-Region mit einer außergewöhnlichen Flora aufwarten. Der größte Teil des Nationalparks liegt auf über 2000 m Höhe, in einer Klimazone also, in der sich nur spezialisierte Pflanzen behaupten können. Etwa 50 Arten kommen nur am Teide und sonst nirgendwo auf der Welt vor, darunter der Teide-Ginster, der bis zu zwei Meter hohe Blütenkerzen austreibende Teide-Natternkopf und das dagegen unscheinbare Teide-Veilchen, das noch in Höhenlagen von bis zu 3700 m anzutreffen ist.

Eine Qual für den Wal?

Vor Teneriffas Südküste ist Whale Watching das ganze Jahr über eine Touristenattraktion. Vor allem Grindwale, aber auch die großen Pottwale und die seltenen Pilotwale sind zu sehen. Umweltschützer warnen allerdings davor, die Säuger zu sehr zu stören.

An den Häfen von Los Cristianos und Puerto Colón boomt seit Jahren der Handel mit Bootsausflügen zu den Hotspots freilebender Wale und Delfine. Kaum eine Gegend der Welt ist so attraktiv für die Bootstouren, denn die Säuger sieht man hier besonders häufig. Schon 1956 war das den Filmemachern von Moby Dick klar, die hier viele der Aufnahmen mit dem Hauptdarsteller Gregory Peck als Kapitän Ahab drehten. Ein Drittel der weltweit fast 90 Walarten leben heute in den Gewässern der Kanareninsel, darunter Grind- , Finn- und Pottwale. Dazu kommen zahlreiche Delphine wie die Großen Tümmler. Sie lieben das nährstoffreiche Wasser, die schwachen Strömungen und die Menge an Tintenfischen, die sie besonders gerne essen.

KRACHMACHER STÖREN DIE WALE

Lange war es üblich, mit laufendem Motor, Lautsprecher, krachender Partymusik und süffiger Sangría zu den Tieren auszulaufen, ein paar Fotos zu machen, und dann den nächsten Strand anzusteuern. Ein blühender Wirtschaftszweig und auf den ersten Blick viel tierfreundlicher als Walfang und Gefangenhaltung. Dabei blieb kaum beachtet, dass die hochsensiblen Tiere massiv beim Fressen, der Paarung und Aufzucht der

Geduld gehört beim Wale beobachten dazu wie auch bei allen anderen Tierbeobachtungen. Erfolgsgarantien werden nicht gegeben.

Einer der sehr seltenen Pilotwale taucht in die Tiefen vor Teneriffas Westküste. Vom Boot aus gesehen präsentieren diese Wale ihre haifischartige Rückenflosse.

Jungtiere gestört werden. Wale haben keinen Geruchssinn und schlechte Augen, doch ihr Gehör ist brillant und sie verständigen sich mit unterschiedlichen Gesängen. Werden sie gestört, führt dies immer wieder zu Orientierungslosigkeit und Kommunikationsproblemen. Umweltschützerin Sylvia Frey von OceanCare, einer Schweizer Organisation zum Schutz der Meeressäuger, sieht das Geschäft mit dem Whale Watching mit gemischten Gefühlen, zumal „die Meeressäuger ohnehin schon stark unter der Verschmutzung der Meere, der Hochseefischerei und dem Unterwasserlärm leiden."

REGELN FÜRS BEOBACHTEN

Vor Jahren schon, sagt sie, haben die kanarischen Behörden Richtlinien zum Schutz der Säuger erlassen. Demnach dürfen sich die Boote nun nicht mehr als 60 m nähern und müssen schon 500 m zuvor den Schiffsmotor abstellen. Auch dürfen die Wale nicht mehr eingekreist werden, weil dies nachweislich zu besonders starken Stresssymptomen führt. 2008 schließlich ist die Zahl der Walfahrten limitiert worden, um den Bestand nicht weiter zu gefährden.

Doch die Kritik hält an, dass sich die Kapitäne keineswegs an die Bestimmungen halten und mit ihren schnellen Katamaranen zu nah an die Tiergruppen heranfahren. Sylvia Frey weiß, dass dies oft von den Passagieren selbst gefordert wird, um sich den fotogenen Tieren noch mehr zu nähern. Die engagierte Schweizerin freut sich aber, dass inzwischen umweltbewusste Touristen selber eingreifen, wenn die Boote den Abstand nicht wahren.

Noch etwas gefährdet die Tiere: die Schnellbote von Teneriffa nach Gomera. Bei 80 km/h kann es immer wieder zu Kollisionen mit den Säugern kommen, auch wenn die Fähren heute mit Sensoren ausgestattet sind und die Tiere in der Regel umfahren. Einheitliche und verbindliche Richtlinien für den weltweiten Schutz der Wale gibt es noch nicht, doch die Nachbarinsel Gomera geht bereits mit gutem Vorbild voran: Hier werden nur leise Fischerboote eingesetzt mit wenigen Passagieren an Bord und einem naturkundlichen Führer.

FAKTEN

Whale Watching Touren
Oceano Gomera (vgl. S. 87)
38870 Valle Gran Rey, in Hafennähe
www.oceano-gomera.com/de/

Ocean Care
Oberdorfstraße 16
Postfach 372, CH-8820 Wädenswil
www.oceancare.org
Tel. 0041 (0) 447 80 66 88
Die Schweizer Organisiation zum Schutz der Meeressäuger engagiert sich für die Wale und Delphine rund um die Kanarischen Inseln.

TENERIFE
Maßstab 1:175.000
0
2
4km
01
02
03
04
05
06
Laderas del Teide
Parque Nacional del Teide
Las Cañadas
Corona Forestal
Pico de Teide
3718
Pico Viejo
Montaña Reventada
Montaña Blanca
Santiago del Teide
Puerto de Santiago
Los Gigantes
Acantilado de los Gigantes
Guía de Isora
Adeje
Arona
San Miguel
Granadilla de Abona
Vilaflor
Fasnia
Arico o Lomo de Arico
Los Cristianos
Playa de las Américas
El Médano
Playa del Médano
Costa Adeje
Puerto de Abona
Poris de Abona
Aeropuerto Reina Sofía (Tenerife Sur)
Los Abrigos
Palm-Mar
Punta de la Rasca
Alcalá
Playa de San Juan
Callao Salvaje
Volcán de Fasnia
La Ladera
Paisaje Lunar

Sonne, Sand und Spaß

An der Südküste Teneriffas hat sich eines der größten Ferienzentren Europas breit gemacht, mit Unterkünften für alle Ansprüche, künstlich angelegten Badebuchten und Freizeitparks im Hinterland. Abseits davon wartet der Teide-Nationalpark mit einer spektakulären Vulkanlandschaft auf.

01 EL MÉDANO

In dem kleinen Ferienort (3000 Einw.) fühlen sich vor allem Kite- und Windsurfer in ihrem Element. Zahlreiche internationale Meisterschaften wurden hier bereits ausgetragen.

Strände

Hauptstrand ist die hellsandige **Playa del Médano** (auch für Kinder geeignet). Die kilometerlange Playa de la Tejita westlich der Montaña Roja ist ein beliebtes FKK-Revier.

Aktivitäten

Wind- und Kitesurfer können fast das ganze Jahr mit konstanten Winden rechnen. Surfstationen verleihen das Equipment und bieten Kurse für Einsteiger und Fortgeschrittene an. Deutsch geführt ist das Surf Center Playa Sur (www.surfcenter.el-medano.com).

Tipp

Kunst auf der Finca

Ein Stück ab vom Rummel an der Küste hat sich in Chayofa die Kulturfinca einen Namen gemacht. Auf dem Gelände der vormaligen Tomaten- und Bananenplantage wird moderne Kunst gezeigt, die Kulturoase veranstaltet außerdem Konzerte und Lesungen. Jeden Sonntag lädt die Finca von 13.00 bis 16.00 Uhr zu einem Jazz Brunch unter schattigen Indischen Lorbeerbäumen ein.

La Finca del Arte
Chayofa, Calle Centro s/n
tgl. ab 10.00 Uhr, www.fincadelarte.com

Umgebung

Der Fischerort **Los Abrigos** (7 km westl.) ist für seine Seafoodlokale inselbekannt. Fast ein Dutzend reihen sich auf der Steilküste aneinander, Hochbetrieb herrscht am Wochenende.

Information

Oficina de Turismo, Plaza de los Príncipes de España s/n, Tel./Fax 922 17 60 02
Mo.–Fr. 9.0014.00, Sa. 9.00 – 13.00 Uhr

02 LOS CRISTIANOS

Die Ferienstadt (25 000 Einw.) ist längst zusammen mit Las Américas und Costa Adeje zu einer Großstadt angewachsen. Vom Fährhafen verbinden täglich Autofähren und Schnellboote mit den Nachbarinseln La Gomera, La Palma und El Hierro.

Sehenswert

Der **Parque Las Aguilas** (Jungle Park) ist für seine Falkner-Show bekannt. Darüber hinaus können in dem Freizeitpark Leoparden, Flusspferde und Pandas beobachtet werden (www.aguilasjunglepark.com, tgl. 10.00–17.30 Uhr). Vornehmlich Affen gibt es im **Monkey Park** (Llano Azul, nahe der Autopista del Sur, www. monkeypark.com, tgl. 9.30–17.00 Uhr).

Strände

Die **Playa de las Vistas** zwischen Los Cristianos und Playa de las Américas gehört zu den besten Badeplätzen im Süden. Von der Promenade Zugang für Rollstuhlfahrer möglich.

Erleben

Vom Hafen werden **Wal- und Delfinsafaris** (u.a. von Mar de Ons, www.mardeons-tenerife.com, Tel, 922 75 15 76), sowie Ausflüge auf **Windjammern** und Katamaranbooten angeboten. **Wanderungen** organisiert der Tourist Board Arona. Ziele der Halbtagestouren sind der Barranco de Chijas im Valle San Lorenzo, das Naturmonument Montaña de Guaza und der Roque del Conde (Englisch/Deutsch und kostenlos, Tel. 922 72 51 80, www.arona.org).

Restaurants

Am Hafen ist das Fischlokal **€€ Casa del Mar** eine gute Wahl (Mo. Ruhetag, Avda del Ferry s/n, Tel. 922 75 13 23,). Das **€€ El Cine**, bietet Meeresfrüchte, Tapas und Salate (Mo. Ruhetag, Calle Juan Bariajo, Tel. 922 10 77 58).

Ausgehen

In der **Pirámide de Arona** werden Musicals mit Ballet und Flamenco aufgeführt (Mare Nostrum Resort, Avenida Las Américas s/n, Tel. 922757549).

Wasserfall am Ende des Barranco del Infierno

Information

Oficina de Turismo (Centro Cultural)
Plaza del Pescador
Tel. 922 75 71 37
Mo.–Fr. 9.00–15.00, Sa. 9.00–13.00 Uhr

03 LAS AMÉRICAS & COSTA ADEJE

Von den Badebuchten der beiden nahtlos ineinander übergehenden Ferienstädte (30 000 Einw.) ziehen sich Einkaufszentren, Vergnügungsviertel, Golfplätze und Themenparks bis weit ins Hinterland. Maritimes Zentrum ist der Jachthafen Puerto de Colón.

Sehenswert

Die **Meerespromenade** ist das verbindende Element zwischen den verschiedenen Hotelvierteln und Stränden. Mit 16 km gilt sie als eine der längsten in Europa, man kann auf ihr vom Hafen Los Cristianos bis nach La Caleta flanieren. Hauptattraktion im Inselsüden ist der 2008 eröffnete **Siam Park**. Der mit einer Fläche von 180 000 m² größte Themenpark der Kanarischen Inseln ist eine Kombination aus Wasserpark, Aquarium, Zoo und botanischem Garten. Zu den Highlights gehören ein riesiges Wellenschwimmbad und eine Seelöwenshow. Exotisches Flair vermittelt die im thailändischen Stil gehaltene Architektur (Autobahnausfahrt 29, www.siampark.net, tgl. 10.00 bis 18.00 Uhr). Ein architektonisches Zeichen setzt der **Magma Arte y Congresos**. Die von dem kanarischen Architektenbüro Fernando Martín Menis konzipierte postmoderne Kongresshalle wird von riesigen aneinander gefügten Betonriegeln und einer wellenförmigen, teils sich überlappenden Dachkonstruktion dominiert (an der TF-1, Ausfahrt San Eugenio, Avenida de los Pueblos s/n, www. magmacongresos.com).

Strände
Die meisten Sandstrände und Badebuchten zwischen Los Cristianos und La Caleta sind künstlichen Ursprungs. Von Wellenbrechern geschützt messen manche nur 200 bis 300 m Länge, sind aber gepflegt und flach ins Meer abfallend. Mehr Auslauf bietet die 700 m lange **Playa de Fañabe** nördl. Puerto Colón und die **Playa del Duque** vor dem Luxushotel Bahía del Duque.

Erleben
Kids finden im **Aqualand Costa Adeje** Pools, Wasserrutschen und eine Delfinshow (San Eugenio Alto, Autobahnausfahrt 29, tgl. 10.00 bis 17.00, Sommer bis 18.00 Uhr).

Hotel
€€€ Der Bungalowkomplex **Lagos de Fañabe** gruppiert sich um einen von Palmen eingefassten Pool und ist nur durch die Promenade von der Playa Fañabe getrennt. Gutes Preis-Leistungsverhältnis (Calle Londres 7, Tel. 922712563, www.lagosdefanabe.com).

Restaurants
Da viele Gäste Halbpension buchen, gibt es außer Hotelküchen nicht allzu viele wirklich gute Lokale.
Grillgerichte und Lamm aus dem Ofen isst man am besten im €€€ **El Molino Blanco** (Avenida de Austria 5, Tel. 922796282). €€ **El Arrozal** ist der Spezialist für Reisgerichte und Paellas (Avenida Las Américas, Parque Santiago V, Tel. 922790277). Eine schöne Aussicht auf die Playa del Duque hat man vom €€ **La Torre del Mirador** (C.C. El Mirador, Playa del Duque, Tel. 922712209)

Umgebung
Der **Barranco del Infierno**, die Höllenschlucht, ist nicht zuletzt wegen der schnellen Erreichbarkeit das beliebteste Wanderziel Teneriffas. Am Ende der etwa 90 min. langen Schluchtwanderung wartet ein kleiner Wasserfall. Der gebührenpflichtige Wanderweg ist von 8.30 bis 17.30 geöffnet (pro Tag Einlass für 200 Personen, daher reservieren (Tel. 922782885, Start ist am nordöstl. Ortsrand von **Adeje**).

Wanderungen im Teide-Nationalpark erfordern gutes Schuhwerk.

Information
Las Américas:
Oficina de Información Turistica, Plaza del City Center, Tel. 922797668, www.arona.org
Mo.–Fr. 9.00–20.00, Sa. 9.00–12.00 Uhr
Costa Adeje:
Oficina de Información Turistica, Playa de Troya, Avenida Rafael Puig Lluvina 1
Tel. 922750633, www.costa-adeje.net
Mo.–Fr. 10.00 bis 17.00 Uhr

04 PUERTO DE SANTIAGO LOS GIGANTES

Die beiden Ferienorte an der sonnigen Westküste liegen am Fuß einer imposanten Steilküste. Es ist eine ruhige Urlaubsdestination.

Sehenswert
Die imposante Klippenküste **Acantilado de Los Gigantes** ragt mehr als 500 m aus dem Meer empor.

Strand
Die von Palmen gerahmte dunkelsandige **Playa de la Arena** ist der schönste Strand der Westküste. Vorsicht vor Unterströmungen!

Hotel
€€€€ Teneriffas teuerste Adresse, das **Abama Gran Hotel Golf Resort**, liegt 10 km südlich von Puerto de Santiago. Die Luxusoase im Stil einer maurischen Zitadelle verfügt über rund 350 Zimmer und ein Villenviertel (Carretera General TF-47, km 9, Guía de Isora, Tel. 922126000, www. abamahotelresort.com).

Restaurant
Das Fischlokal €€ **Casa Pancho** hält bereits seit mehr als 50 Jahren direkt am Strand die Stellung (Playa de la Arena, Tel. 922861323).

Information
Oficina de Turismo
Centro Comercial Seguro del Sol
Tel. und Fax 922860348
Mo.–Fr. 9.00–15.00, im Sommer bis 14.00 Uhr

05 TEIDE-NATIONALPARK

Eine spektakuläre Vulkanlandschaft mit gut ausgebauten Wanderwegen macht den Parque Nacional del Teide ▶**TOPZIEL** zum größten Besuchermagneten Teneriffas. Das Zentrum des Schutzgebiets wird von dem konisch geformten Vulkankegel Pico del Teide überragt. Mit 3718 m Höhe ist der im Winter oft mit Schnee gepuderte Gipfel Spaniens höchster Berg.

Sehenswert
Eine Gondelbahn fährt in acht Minuten bis auf 3555 m Höhe, kurz unterhalb des Gipfels des **Pico del Teide** hinauf (bei stabiler Wetterlage tgl. 9.00–16.00 Uhr). Am Fuß des Teide ist der **Mirador de la Ruleta** in der Nähe vom Hotel Parador der berühmteste Aussichtspunkt im Park. Von der Felskanzel hat man den besten Blick auf die fotogenen Felsnadeln Roques de García bzw. **Los Roques**. Vom Mirador lädt ein gut einstündiger Rundweg zur näheren Entdeckung der verwitterten Felslandschaft ein. Vom Straßendreieck Boca de Tauce wird auf der Westabfahrt der **Mirador de Chío** erreicht, von

dem die Narices del Teide auszumachen sind. Die „Nasenlöcher des Teide“ genannten Krateröffnungen entstanden 1798 während eines Vulkanausbruchs.

Wanderungen

Der Nationalpark ist durch ein markiertes Wegenetz erschlossen. Von Nationalparkrangern geführte Wanderungen beginnen am **Besucherzentrum El Portillo**, die Teilnahme ist kostenlos. Für die Besteigung des Teide ist eine schriftliche Erlaubnis vom Nationalparkbüro in Santa Cruz erforderlich (Calle Emilio Calzadilla 5, Tel. 922 29 01 29).

Hotel und Restaurant

€€€ Das komfortable Berghotel **Parador de Cañadas del Teide** liegt auf 2100 m Höhe am Fuß des Teide. Eine gute Adresse zum Essen ist das Restaurant des Paradors, Snacks gibts in der zugehörigen Cafeteria (Tel. 922 37 48 41, www.parador.es).

Information

Centro de Visitantes
El Portillo, TF-21 km 32
Tel. 922 35 60 00
tgl. 9.00–16.00 Uhr

06 VILAFLOR

In dem 1466 m hoch gelegenen Bergdorf (2000 Einw.) überraschen bunte Blumenwiesen und im Februar blühende Mandelbäume. Auf den mit hellem Bimsgranulat abgedeckten Feldern werden im Trockenfeldbau Wein und Kartoffeln angebaut.

Sehenswert

Der beste Ausblick auf die akkurat angelegten Terrassen ergibt sich vom **Mirador San Roque** an der gleichnamigen Kapelle. Das **Centro de Artesanía Chasna** an der südlichen Ortseinfahrt bietet eine riesige Auswahl an Stickereien.

Restaurant

Im Landgasthof €€ **El Sarmiento** wird zu kanarischen Gerichten auch ein guter Wein kredenzt (Calle Santa Catalina 13, Tel. 922 70 90 90, Mo. Ruhetag).

Umgebung

3 km oberhalb von Vilaflor zweigt von der TF-21 eine raue Piste zum Campamento Madre del Agua ab, an dem ein reizvoller Wanderpfad zur **Paisaje Lunar** beginnt. Ihren Namen „Mondlandschaft“ erhielt die Region durch vom Wind modellierte bizarre Tuffkegel, die wie Zuckerhüte aus dem Kiefernwald ragen.

DuMont Aktiv

Biken mit Diga Sports

Schon Lance Armstrong hat auf der Insel für seine großen Siege bei der Tour de France trainiert. Mit Diga Sports unter deutscher Leitung gibt es geführte Touren mit dem Mountainbike oder Rennrad über die Insel, die für viele Radfahrer ein Traum ist.

Ob durch mondartige Vulkanlandschaften, schattige Kiefernwälder oder tiefe Schluchten, Diga Sports mit Sitz im südlichen Playa de las Américas bietet zahlreiche Abenteuertouren über die Insel. Unter der Leitung deutscher bzw deutschsprachiger Guides lassen sich einfache, aber auch anspruchsvollere Touren buchen. Dabei ist die abwechslungsreiche Natur genauso ein Plus wie das angenehme Klima. Die diversen Touren sind auf der Homepage dargestellt, über die man mit dem jungen Team von Diga Sports in Kontakt treten kann. Auch ganze Tourwochen sind im Angebot enthalten.

Radeln ist eine Herausforderung …

… denn die Steigungen sind teils heftig.

LEIHRÄDER INBEGRIFFEN

Die Betreiber stellen qualitativ hochwertige Rennräder und Mountainbikes zur Verfügung, aber natürlich kann man auch sein eigenes Bike mitbringen. Auch für Trinkwasser, Schutzhelme und Verpflegung ist gesorgt, auf Wunsch wird der Transport von und zur Unterkunft organisiert.

WEITERE INFORMATIONEN

- **Gruppenstärke:** ab 4 Teilnehmer
- **Levels:** Anfänger, Fortgeschrittene, Profis
- **Radtouren:** tgl. Mountainbike-Touren. Rennradtouren Mo.–Fr. (Sa. und So. auf Anfrage). Einzelfahrt, Dreierpaket oder Wochenprogramm.
- **Kontakt:**
Diga Sports
Avda. Rafael Puig 23
38660 Playa de las Américas
Tel. 922 79 30 09
info@diga-sports.de

www.diga-sports.de

Reise in eine andere Welt

Eine schmale Meerenge von 30 km trennt Teneriffas Süden von der kleinen Nachbarinsel, und doch scheinen Welten dazwischen zu liegen. La Gomera tickt anders. Das fängt schon bei der Anreise an, die für die meisten Gäste nicht per Flugzeug, sondern mit der Fähre erfolgt. Und das Aushängeschild der Insel sind nicht etwa Strände, sondern ein dunkler immergrüner Nebelwald, in dem es mitunter richtig feucht sein kann.

Den Südwesten La Gomeras beherrscht die Fortaleza de Chipude. Am Hang dieses Tafelbergs breiten sich die Häuser von Chipude aus.

Señora Rufina stellt ihre Töpferwaren in El Cercado ohne technische Hilfsmittel her.

Eindrucksvolle Lorbeerwälder wachsen auch nahe dem Alto de Garajonay, dem höchsten Berg der Insel.

Roque de Agando heißt die bizarre Felsnase am Ostrand des Parque Nacional de Garajonay.

Im Restaurante „La Montaña" wird Ziegenkäse hergestellt, der in einer Räucherkammer reift.

„Ein glückliches Klima infolge der Mischung und des kaum merklichen Wandels der Jahreszeiten herrscht auf den Inseln."

Plutarch (1./2. Jh. n. Chr.)

Von den Ferienstädten im Süden Teneriffas hebt sich La Gomera gut sichtbar als buckliger Rücken aus dem Atlantik empor. Die schnelle Fähranbindung mit einer Fahrzeit von weniger als einer Stunde macht bereits einen Tagesausflug auf die kleine Nachbarinsel lohnend. Wer allerdings von den Häfen San Sebastián oder Valle Gran Rey das Hinterland der von tief eingeschnittenen Barrancos zerklüfteten Insel kennen lernen will, sollte einen Aufenthalt von mehreren Tagen einplanen.

TERTIÄRER LORBEERWALD

La Gomeras Wald ist außergewöhnlich. Das weiß auch die UNESCO, die ihn 1986 als Weltnaturerbe unter ihren Schutz gestellt hat. Wie ein subtropischer Bergwald nimmt die im Spanischen Laurisilva genannte Pflanzengesellschaft weite Teile vom Hochland der Insel ein. Die Charakterpflanze der grünen Lunge ist der Lorbeerbaum, der im Tertiär einmal den ganzen Mittelmeerraum bedeckte, dort dann infolge einer Klimaverschiebung keine Chance mehr hatte und ausstarb. Der Lorbeerwald braucht zum Überleben stabile Temperaturen und eine relativ hohe Luftfeuchtigkeit. Kanarenklima eben, wie es in höheren Lagen der Passat garantiert. Von den Lorbeergewächsen gibt es im gomerischen Wald gleich vier Arten, darunter den Stinklorbeer, der mit seinem aufdringlichen Geruch beileibe nicht an ein wohlriechendes Küchengewürz erinnert. Nur Botaniker können die verschiedenen Arten auseinander halten. Dazu gesellen sich noch ein gutes Dutzend anderer Bäume, etwa die Stechpalme oder der Erdbeerbaum, der im Herbst mit seinen kleinen roten Früchten farbliche Akzente setzt. Sie alle verdichten sich mit Moosen, Farnen und von den Ästen herab hängenden Bartflechten zu einem Märchenwald, wie er urwüchsiger nicht sein könnte.

Auf La Gomera steht nicht nur der Lorbeerwald unter dem besonderen Schutz der UNESCO, sondern auch die Pfeifsprache „El Silbo", mit der sich die Einwohner früher über weite Distanzen verständigten. Vereinfacht ausgedrückt werden dabei Vokale und Konsonanten mit kurzen und langen Pfiffen belegt, so dass geübte „Silbaderos" einfache Dialoge miteinander führen können – und dies über eine Entfernung von bis zu 6 km. Um die wie Vogelgezwitscher klingende Sprache vor dem Aussterben zu bewahren, wird sie heute an gomerischen Grundschulen unterrichtet. So mancher Silbadero stellt sich in den Dienst des Tourismus und demonstriert sein Können vor den Gästen, etwa im Restaurant Las Rosas in Augulo.

Die Torre del Conde ist das älteste Bauwerk von San Sebastián und wurde 1447 errichtet.

Blick auf die farbenfrohen Häuser der Inselhauptstadt San Sebastián, die gerade einmal rund 7000 Einwohner hat.

Ein prachtvoller Park gehört zum Hotel Tecina Jardín in Playa de Santiago an der Südküste.

Special KOLUMBUS

Letzter Stopp

Man schrieb das Jahr 1492, als am 12. August ein unbekannter Seefahrer namens Cristóbal Colón San Sebastián anlief.
Kolumbus hatte großes im Sinn – im Namen der spanischen Krone wollte er den Seeweg nach Indien entdecken. San Sebastián war der letzte Stopp vor der langen Atlantiküberquerung. Hier galt es nochmals Proviant und frisches Trinkwasser zu bunkern und weitere Matrosen anzuheuern. Wie lange sich der Entdecker auf der kleinen Kanareninsel aufhielt, lässt die Geschichtsschreibung allerdings offen. Und ob er mit Gomeras damaliger Regentin, der schönen Beatriz de Bobadilla, eine kurze Affäre hatte, darf nur vermutet werden. Gesichert scheint nur die Sache mit dem Wasser zu sein. Am Brunnen im Alten Zollhaus von San Sebastián ist auf einer kleinen Tafel zu lesen: „Mit diesem Wasser taufte Kolumbus Amerika."

VERSTECKTES PARADIES

So klein die Insel auch ist, es gibt weltabgewandte Winkel, wo man glauben könnte, die Zeit sei dort stehen geblieben. Etliche Weiler liegen völlig ab vom Schuss und wirken wie ausgestorben, manche wie Benchijigua sind es auch. In der Sprache der Guanchen hieß Benchijigua soviel wie „hier gibt es Wasser", was in dem vom Passat abgewandten Süden La Gomeras gar nicht so selbstverständlich ist. Das Tal auf 600 m Höhe über dem Meer duckt sich malerisch an den Fuß des ausgebrannten Vulkanschlots Roque de Agando, der wie ein überdimensionaler Zuckerhut das gomerische Bergland dominiert. Ein steiler Wanderpfad und eine kurvige raue Piste schaffen die Verbindung zur Außenwelt. Geschützt liegt der Weiler auf einem kleinen Plateau, Dattelpalmen und verwilderte Orangenbäume geben dem Flecken einen Oasencharakter. Eine Handvoll alter Bruchsteinhäuser und die Kapelle San Juan, das ist es auch schon. Doch was für ein Idyll!

KULTUR IM CASTILLO DEL MAR

La Gomeras neueste Attraktion thront auf einem zerklüfteten Felsen an der Küste von Vallehermoso. Eigentlich gibt es den ursprünglich Pescante genannten Anleger schon seit 1890. Er war bis ins 20. Jh. einer der wichtigsten Warenumschlagsplätze der Insel. Gleichzeitig war der Anleger für die Gomeros das Tor zur Welt. Emigranten verließen von dort ihre Heimat in Richtung Kuba und Venezuela, für viele Familien war so Vallehermoso ein Ort des Abschieds, manchmal für immer. 1957 zerstörte ein Unwetter den Stützpfeiler des Anlegers, ein Bergsturz verschüttete zudem die Zufahrt. Die Verladestation hatte ohnehin ihre einstige Bedeutung mittlerweile an den Hafen von San Sebastián abgegeben. Erst nachdem die Gemeinde den Weg wieder frei legen ließ, konnte Neues entstehen.
Dazu kam es durch Initiative des deutschen Fotografen Thomas Müller, der 1980 als Rucksacktourist auf der Insel gelandet war und einen Fotoladen im Valle Gran Rey eröffnet hatte. Er war zum richtigen Zeitpunkt am richtigen Ort und gehörte bald zu einem der reichsten Männer der Insel. Die alte Befestigungsanlage erwarb er bereits 1981. In den letzten Jahren ließ er sie unter Einsatz fast seines gesamten Vermögens von Grund auf restaurieren. Mit Scheinwerfermasten, Lautsprechern und Laser hielt moderne Technik Einzug und mit Castillo del Mar auch ein neuer Name. Auf der Naturbühne des Kulturforums geben neuerdings lokale Folkloregruppen, Rockbands und Gaukler ihr Bestes.

Valle Gran Rey, das „Tal des großen Königs" gehört zu den schönsten Landschaften der Kanarischen Inseln. Hier wie auch an vielen anderen Stellen La Gomeras werden Bananen angebaut. Trotz hoher Produktionskosten sind sie das wichtigste Exportgut der Kanaren. Auch ihr Wasserverbrauch ist nicht ohne.

GOFIO

Polenta auf Kanarisch

Von den Ureinwohnern haben die Inseln den Gofio übernommen. Heute gehört das mild geröstete Mehl wie auch die grüne oder rote Mojosauce zu den typischen kanarischen Speisen.

Gofio steht im Restaurant La Vista in El Cedro/Gomera (S. 82) stets auf dem Tisch. Auch als Dessert ist Gofio beliebt (oben). Mojosaucen (unten) werden in grüner und roter Variante gereicht.

Fast schon archaisch mutet es an, wie mancher kanarische Hirte sein Frühstück zubereitet. In einem Ziegenbalg mischt er Wasser mit Gofio zu einer geschmeidigen Masse. So, wie es die Ureinwohner der Inseln schon vor mehr als tausend Jahren machten. Dazu wird mild geräucherter Ziegenkäse gegessen. Geröstetes Getreidemehl war bei den Guanchen das Grundnahrungsmittel schlechthin. Sie erhitzten auf offenem Feuer Gerste und mahlten das Korn mit einer einfachen Handmühle zu Mehl. So blieb es auch nach der spanischen Eroberung. Zwar hielten moderne Essgewohnheiten schon vor langer Zeit auch auf den Inseln Einkehr. Doch Gofio konnte sich allen Unkenrufen zum Trotz behaupten. Es gibt keinen Supermarkt auf den Kanaren, der nicht ein oder zwei mit verschiedenen Gofiosorten gefüllte Regalmeter hat.

EINE GESUNDE KÖSTLICHKEIT

Das Korn wird unter Zugabe von Meersalz zunächst in einem Trommelofen bei Temperaturen um 150° C unter langsamem Drehen geröstet, wobei sich das typische Aroma entfaltet. In einem zweiten Arbeitsgang wird das Getreide dann in der Steinmühle zu feinstem Mehl gemahlen und abgepackt. Weder Konservierungs- noch sonstige Lebensmittelzusatzstoffe kommen in die Tüte. Da das ganze Korn samt Randschichten und Keimling vermahlen wird, enthält es noch alle Vitamine und Mineralien. Und mit einem hohen Anteil an komplexen Kohlenhydraten ist es zugleich enorm sättigend. Jede Insel hat ihre eigenen Vorlieben entwickelt. Während auf Teneriffa vorwiegend Weizengofio gegessen wird, bevorzugt man auf Gran Canaria Maisgofio. Durch den Zusatz von Kichererbsen-, Linsen- oder Mandelmehl werden zusätzliche Geschmacksvarianten erzielt. Ganz schnell zubereiten lässt sich zum Beispiel ein nahrhaftes Gofiofrühstück. Das geröstete Mehl wird in eine Schale heiße Milch eingerührt und mit etwas Honig oder, wie auf La Gomera üblich, mit Palmsirup gesüßt. Mit Rosinen, fein gehackten Nüssen und frischem Obst kann es schnell zu einem Müsli ausgebaut werden. Auch als Nachspeise eignet sich Gofio vorzüglich.

FAKTEN

Gofiomuseum Hermigua (La Gomera)
mit Gofiomühle, zahlreichen Handmühlen, einem Kunsthandwerkszentrum und Gofioverkauf
Molino de Gofio
Hermigua, Carretera General s/n
Mo.–Fr. 10.00–16.00, Sa./So. 10.00–12.00 Uhr

Es gibt keinen Supermarkt auf den Kanaren, der nicht mehrere Sorten Gofio anbietet.

LA GOMERA

Maßstab 1:155.000

0 2 4km

Ein Paradies für Wanderer

Kaum Sandstrände, dafür eine wild zerklüftete Bergwelt mit ursprünglicher Natur und einem gut ausgebauten Wegenetz machen La Gomera zu einem Paradies für Wanderer und Mountainbiker. Markenzeichen der nur dünn besiedelten Insel sind imposante Schluchten, terrassierte Täler und ausgedehnte Palmenhaine.

Altstadtgasse in San Sebastian mit Blick auf die Iglesia de la Asunción

01 SAN SEBASTIÁN

Farbenfroh ziehen sich die Häuser der kleinen Inselmetropole (7000 Einw.) die Hänge am Ausgang des Barranco de la Villa hinauf. Nadelöhr ist der Fährhafen, von dem Schnellfähren neben Teneriffa und La Palma auch mit Valle Gran Rey und Playa de Santiago verbinden.

Sehenswert

Im Innenhof der **Casa de Aduana**, dem Alten Zollhaus, kann man einen Blick in den Pozo del Colón werfen, mit dessen Wasser Kolumbus Amerika getauft haben soll. In dem Häuschen ist zugleich die Touristeninformation untergebracht, eine Dauerausstellung informiert über den großen Entdecker. Über die autofreie Calle Real wird die **Iglesia Nuestra Señora de la Asunción** erreicht. Die Pfarrkirche aus dem Ende des 15. Jh. wurde mehrmals von Piraten gebrandschatzt und danach wieder aufgebaut. Bemerkenswert ist die im Mudéjarstil aus Kiefernholz getäfelte Decke.

Museen

Ältestes Bauwerk der Stadt ist die **Torre del Conde** (1447) nahe der Plaza de Las Américas. Das 18 m hohe Wahrzeichen diente einst der Grafenfamilie als Zuflucht vor den Ureinwohnern. In dem viereckigen Turm zeigt ein kleines kartografisches Museum eine Sammlung alter Insel- und Seekarten (Mo.–Fr. 10.00–13.00 und 16.00–18.00 Uhr). 2008 eröffnete neben der Pfarrkirche ein **Archäologisch-Ethnografisches Museum**. Schwerpunkt der Ausstellung ist der Begräbniskult der Ureinwohner (Di.–Fr. 9.00–17.00, Juni–Sept. 10.00–18.00, Sa./So. 10.00–14.00 Uhr).

Strand

Die schwarzsandige **Playa de la Cueva** erlaubt eine schöne Aussicht nach Teneriffa.

Restaurant

Fangfrischen Fisch und köstliches Seafood hält die **€ Casa del Mar** bereit (Paseo de Fred Olsen, Tel. 922 87 03 20).

Hotel

€€€€ Das im Stil eines rustikalen Landhauses erbaute staatliche Hotel **Parador Conde de la Gomera** thront aussichtsreich auf einem Felskap über der Stadt (Tel. 922 87 11 00, www.parador.es).

Umgebung

Vom Parador aus erreicht man über ein schmales Sträßchen die 6 km entfernte **Playa de Avalo**. Der geschützt gelegene schwarze Kieselstrand war bis vor kurzem ein Geheimtipp, nun soll dort ein großes Ferienhotel entstehen. 3 km weiter endet die abenteuerlich in die Küstenfelsen gebaute Piste an der **Ermita Nuestra Señora de Guadalupe**.

Information

Patronato de Turismo, Calle Real 4
Tel. 922 87 02 81, www.gomera-island.com
Mo.–Sa. 9.00–18.00 (Sommer bis 17.00 Uhr)
So. 10.00–13.00 (Sommer bis 12.00 Uhr)

02 PLAYA DE SANTIAGO

In dem ehemaligen Fischerort an der Südküste meint es die Sonne besonders gut. Wenn es im Inselnorden oftmals bewölkt ist, herrscht in Santiago bestes Badewetter. Seit eine Betonmole den von Steinen befreiten Strand vor allzu großen Wellen schützt, ist der Ort auf dem besten Wege zu einem Badeort.

Aktivität

Auf dem Felskap Tecina ließ der norwegische Reeder Fred Olsen einen aussichtsreichen **Golfplatz** anlegen (mit angeschlossener Golfakademie; www.tecinagolf.com). Das bergige Hinterland von Santiago ist ein beliebtes **Wanderrevier**. Markierte Routen führen durch die Schlucht von Guarimiar und hinauf zum Roque de Agando. 2 km oberhalb von Alajeró beginnt am Abzweig nach Imada ein Weg zum **Drachenbaum von Agalán**.

Hotel

€€€€ Das Resort **Jardín Tecina** liegt exponiert auf einem steilen Felskap und ist in einen wunderbaren subtropischen Park eingebettet. Prominentester Feriengast 2010 war die deutsche Bundeskanzlerin Angela Merkel (Lomada de Tecina, Tel. 922 14 58 50, www.jardin-tecina.com).

Information

Oficina de Turismo
Avenida Marítima s/n
Tel. 922 89 56 50, Fax 922 89 56 51
Mo.–Fr. 9.00–14.00, Sa. 9.00–13.00 Uhr

Tipp

Naturwunder im Norden

Von den Häfen Vueltas und Playa de Santiago laden Ausflugsschiffe zu einer Inselumrundung ein. Im Norden lässt sich dabei ein Blick auf die nur von der Wasserseite einsehbare Steilküste von Los Órganos werfen. Das Naturwunder erhielt seinen Namen durch die wie Orgelpfeifen aus dem Meer aufstrebenden Basaltpfeiler. Ihre Entstehung geht auf vulkanische Prozesse zurück. Die 4–5 Stunden lange Exkursion ist nur bei einigermaßen ruhiger See empfehlenswert.

www.excursiones-tina.com,
Tel. 922 80 58 85

Infos

03 VALLE GRAN REY

Der größte Ferienort (5000 Einw.) ▶**TOPZIEL** der Insel liegt an der Mündung des Barranco Gran Rey, der mit seinen tief eingekerbten Seitenarmen eines der imposantesten Schluchtensysteme der Kanarischen Inseln bildet. Im Talgrund verstreute Dörfer sind von pittoresken Palmenhainen und terrassierten Feldern umgeben, am Wasser konnte sich dank einiger kleiner Strände auch ein Badetourismus etablieren. Die meisten Gäste nutzen die gute Infrastruktur als Ausgangspunkt für Wanderungen und Mountainbiketouren.

Sehenswert

Die malerische Hanglage macht den Ortsteil **La Calera** zum schönsten Dorf im Tal. Steile Treppenwege schaffen die Verbindung zwischen den weißen Häuserzeilen. Viele einfache Pensionen und kleine Apartmenthäuser geben dem Ort einen familiären Anstrich. Etwas geschäftiger geht es im Hafen von **Vueltas** zu, vor allem, wenn gerade eine Katamaranfähre an der neu ausgebauten Mole festmacht. Daneben dümpeln bunte Fischkutter vor den imposant aufragenden Küstenfelsen. Am Fuß von dem Kliff führt eine Piste zum **Fruchtgarten Argaga** im gleichnamigen Barranco. Auf einer Führung machen die Eigentümer mit exotischen Obstarten bekannt (Di. und Fr. 10.00 bis 17.00 Uhr).

Playa del Inglés im Valle Gran Rey zählt zu den schönsten Naturstränden der Insel.

Erleben

Vom Hafen Vueltas lassen sich mit dem Garajonay Exprés bequeme **Tagestouren** nach Playa de Santiago und San Sebastián unternehmen. Ausflugsboote laden zu **Wal- und Delfinbeobachtungen** (siehe Aktiv S. 87) und zu den Felsen Los Órganos an der Nordküste ein.

Veranstaltungen

Der 16. Juli steht im Zeichen der **Fiesta del Carmen**, die mit einer großen Schiffsprozession begangen wird.

Restaurants

Im **€€ El Baifo** wird gute indonesische Küche serviert, in der Hauptsaison ist eine Reservierung unumgänglich (La Playa, Edificio Normara, Tel. 922 80 57 75).
Eine empfehlenswerte Adresse ist auch das vegetarische Lokal **€€ La Salsa** (Vueltas s/n, Tel. 922 80 55 18, im Sommer geschlossen).

Hotels

€€ Die mittelgroße Apartmentanlage **Jardín del Conde** liegt direkt am Baby Beach und bietet sich von daher für den Familienurlaub an. Gutes Preis-Leistungsverhältnis (Avenida Marítima s/n, Valle Gran Rey, Tel. 922 80 60 08, Fax 922 90 53 85, www.jardindelconde.com).
€ Beim **Jardín Concha** handelt es sich um ein kleines Familienhotel im Treppenviertel von La Calera, mit aussichtsreicher Dachterrasse (Tel. 922 80 60 63, www.hotelconcha.net).

Umgebung

Auf der Hochebene über dem Tal ist das Bergdorf **El Cercado** (15 km nördl.) für seine Töpfereien bekannt. Nach Art der Ureinwohner wird ohne Töpferscheibe schlichte Gebrauchskeramik hergestellt. **Chipude** weiter östlich ist Ausgangspunkt für die Besteigung der Fortaleza. Der 1243 m hohe markante Tafelberg war in vorspanischer Zeit ein Kultplatz der Guanchen und lohnt einen Ausflug unbedingt.

Information

Oficina de Turismo
Calle El Caidero 16, La Calera
Tel./Fax 922 80 54 17, www.vallegranrey.es
Mo.–Fr. 8.00–17.00, Sa. 9.00–13.00 Uhr

Tipp

Events im Kastell

Das Castillo del Mar an der Küste von Vallehermoso hat sich seit der Eröffnung 2003 als Open-Air-Bühne für Live-Konzerte etabliert. Fester Termin im Veranstaltungskalender ist die Vollmondparty, jeden ersten und dritten Sonntag im Monat findet zudem ein Kunsthandwerkermarkt statt. Von Valle Gran Rey bringt ein Shuttlebus die Gäste zu den Events. Wochentags kann man tagsüber in der Cafeteria von dem einzigartigen Platz über den tosenden Atlantikwellen den Ausblick hinüber nach Teneriffa genießen.

Playa de Vallehermoso,
www.castillo-del-mar.com

04 NATIONALPARK GARAJONAY

Der immergrüne Lorbeerwald ▶**TOPZIEL** im Hochland der Insel ist seit 1978 als Nationalpark ausgewiesen, seit 1986 steht er als Weltnaturerbe unter dem Schutz der UNESCO. Markante Wahrzeichen des Parks sind die schroff aufragenden Vulkanschlote Roque Agando und Roque de Ojila. Das Gebiet ist durch ein ausgedehntes Wegenetz erschlossen.

Besucherzentrum

Im Centro de Visitantes Juego de Bolas werden Gäste über das sensible Ökosystem im Hochland informiert (tgl. 9.30–16.30 Uhr).

DuMont Aktiv

Wandern

Parkranger zeigen auf mehrstündigen Wanderungen die botanischen Highlights im Park. Ausgangspunkt ist in der Regel Laguna Grande, zu den Wanderzielen gehört unter anderem Gomeras höchster Berg, der **Alto de Garajonay**. Die Teilnahme ist kostenlos.

05 HERMIGUA

In dem wasserreichen Tal von Hermigua erstreckt sich das größte Bananenanbaugebiet der Insel. Der Straßenort (2100 Einw.) wird von markanten Zwillingsfelsen überragt.

Sehenswert

Der Ortsteil El Convento im oberen Tal verdankt seinen Namen dem ehemaligen **Kloster Santo Domingo** (Anfang des 19. Jh.s aufgelöst). Von der bis auf 1511 zurückdatierbaren Abtei ist die Klosterkirche mit schöner Mudéjardecke erhalten.

Strand

Die **Playa de La Caleta** (6 km östl.) gehört zu den wenigen badetauglichen Buchten an der Nordküste. Im Sommer sorgt eine Strandbar für Snacks und kalte Drinks.

Hotel

€€ Das hübsch restaurierte Landhaus aus dem vorletzten Jahrhundert **Ibo Alfaro** liegt in aussichtsreicher Lage am Westhang des Tales. Die 17 Zimmer sind liebevoll ausgestattet, die Sonnenterrasse erlaubt einen schönen Talblick (Valle Alto, Tel. 922 88 01 68, Fax 922 88 10 19, www.hotel-gomera.com).

Umgebung

Agulo (6 km nördl.) thront malerisch auf einer Aussichtsterrasse über der Nordküste. Kopfsteingepflasterte Gassen und sehr hübsche kanarische Häuser prägen das Ortsbild der mit rund 1100 Einwohnern kleinsten Gemeinde der Insel.

Kleine Landhotels und etliche Fincas machen **Vallehermoso** (20 km westl.) am Fuß des Roque Cano zu einem Zentrum des ländlichen Tourismus. Das Tal ist ein beliebter Ausgangspunkt für Bergwanderungen. An der Playa de Vallehermoso befindet sich ein Meerwasserschwimmbad, nahebei das Kulturzentrum Castillo del Mar. Ein Stück landeinwärts lohnt ein Spaziergang durch den neu angelegten Botanischen Garten. Direkt im Ort beginnt ein fünfstündiger Rundweg über die Cumbre de Chigueré. Nach dem Aufstieg durch den Barranco de la Era Nueva wird die einsame Ermita Santa Clara erreicht, von der sich ein wunderbares Panorama auf die Nordküste ergibt.

Auf der Spur der Wale

Für Kinder und Erwachsene ist es ein Erlebnis der besonderen Art: Wale und Delfine vor der Küste Gomeras zu beobachten. Sanftes Whale Watching sorgt anders als vor Teneriffa dafür, dass die Tiere möglichst wenig gestört werden.

Wenn die Rückenflossen auftauchen, die Fontänen sprühen und die Grindwale sich im Synchronschwimmen üben, dann hält der Skipper gerne einmal sein Mikrofon unter das Wasser und man hört die quietschenden Geräusche der Meeresbewohner. Fantastisch. In ausrangierten, fahrtüchtigen Fischerbooten geht es ab der Mole in Vueltas hinaus auf das Meer. Drei bis vier Stunden lang ist man unterwegs und hat hoffentlich seine Kamera dabei, denn zu sehen gibt es viel.

Jetzt schnell ein Foto schießen!

Delfine an Backbord!

SCHUTZ DER TIERE

Auf große Schiffe und Lärm wird bewusst verzichtet, sagt Susanne Braak von Oceano Gomera. Denn der Schutz der Tiere steht für sie klar im Vordergrund. Die Grindwale gehören zur Minderheit der Meeressäuger. Vor allem Delfinarten wie der Große Tümmler sind hier unterwegs, der spätestens seit der Serie Flipper in den 1960er Jahren zu den bekanntesten der Welt zählt. Manche wie den Delphinus Delphis sieht man dagegen nur zwischen Juni und September.

WEITERE INFORMATIONEN

- **Gruppenstärke**:
  10 Teilnehmer pro Boot und Fahrt
- **Preise**:
  Erwachsene 37 €
  Kinder unter 12 Jahre 25 €
  Infoabende mit Diashow 4 €
- **Touranbieter**:
  Oceano Gomera, Whale Watching
  Calle Quema 7, 38870 Valle Gran Rey, (in Hafennähe)
  Tel. 922 80 57 17
  Mo.–Sa 9.30–13.00, 17.00–19.00 Uhr
  www.oceano-gomera.com/de/

Isla bonita ...

... nennt sich La Palma stolz. Es ist wirklich eine schöne Insel. Und grün ist sie noch dazu, wie sonst keine andere ihrer kanarischen Schwestern. Grün heißt natürlich auch, dass es öfter mal regnen muss. Für scharfe Kontraste sorgen der immergrüne Nebelwald im Norden und der von Lavaströmen und vulkanischem Auswurfmaterial geprägte Süden.

Faszinierende Pflanzenwelt: der Rote Natternkopf kommt weltweit nur auf La Palma (Foto) und Teneriffa vor und wird bis zu drei Meter groß.

Seit 1954 steht das Zentrum von La Palma als Parque Nacional de la Caldera de Taburiente unter Naturschutz.

Der Rote Natternkopf, auch Wildprets Natternkopf genannt, blüht im Mai und Juni.

Die hohe Zahl wolkenfreier Nächte und die klare Luft begünstigen Himmelsforschungen: Das astrophysikalische Observatorium beim Roque de los Muchachos wurde 1985 eröffnet. 2008 wurde hier das derzeit größte Teleskop der Welt in Betrieb genommen.

Das sehr facettenreiche Landschaftsbild macht La Palma zur Wanderinsel par excellence.

Das Rückgrat der herzförmigen Insel stellt ein alpiner Gebirgskamm von fast 2500 m Höhe. Im Norden überziehen feuchte Bergwälder das von tiefen Schluchten geprägte Eiland, der Süden überrascht mit Vulkanlandschaften wie aus dem Lehrbuch. Das facettenreiche Landschaftsbild macht La Palma zur Wanderinsel par excellence. Die Inselregierung hat jüngst etliches getan, um das Wegenetz noch weiter auszubauen. Etwa 1000 km Wanderwege sind heute nach internationalen Normen ausgeschildert und markiert.
Eine Kurve nach der anderen schlängelt sich die schier endlose Straße von Meereshöhe 36 km lang die bewaldete Ostseite zum Roque de los Muchachos hinauf. Seit in den 1980er-Jahren auf dem meist aus den Wolken herausragenden 2426 m hohen Gipfel das erste große Teleskop die Arbeit aufnahm, sind fast ein Dutzend weitere futuristisch anmutende Bauten entstanden und haben La Palma zu einem Mekka der Astronomen gemacht. 2008 kam das Grantecan hinzu, mit einem Spiegeldurchmesser von zehn Metern ist es das größte Riesenauge in der nördlichen Hemisphäre. Die Einweihungshymne komponierte der britische Musiker Brian May, der als angehender junger Astrophysiker auf La Palma an seiner Doktorarbeit

Santa Cruz de la Palma: Kunstvolle Holzbalkone wie in der Avenida Marítima sind typisch für die Kanaren.

Auch wenn man nichts kaufen möchte, lohnt ein Besuch in der Markthalle von Santa Cruz de la Palma. An der Plaza de España erhebt sich die Iglesia de El Salvador mit einem eindrucksvollen Renaissanceportal.

Seit dem 18. Jahrhundert wird Tabak auf La Palma angebaut. Jede „Puro de la Palma" ist komplett handgerollt: Wie es gemacht wird, zeigt die Finca Tabaquera El Sitio in Breña Alta.

„Das märchenhafte Palma liegt vor uns, ... und lockend und niedlich die helle Stadt."

Hermann Christ (Schweizer Botaniker, 1886)

forschte, dann aber seinem anderen Talent folgte und an der Seite der Rockband Queen den Musikhimmel eroberte. Die saubere Luft und nicht zuletzt das geringe Streulicht machen La Palmas höchsten Gipfel zum idealen Ort für Sternengucker. Das ist es schließlich auch, worauf die internationalen Wissenschaftlerteams mit ihren Spiegelteleskopen aus sind: neue Sterne entdecken, Planetensysteme erforschen und mehr über schwarze Löcher erfahren – oder eben einfach nur einen Blick in die Tiefe des Universums werfen.

SCHLUCHT DER TODESÄNGSTE

Für Tagesausflügler fassbarer als die komplexe Materie der Astronomie ist der fulminante Ausblick vom Roque de los Muchachos in die Caldera de Taburiente. 1600 m tief fällt der Blick in den Grund des größten Senkkraters der Welt. Nicht zu übersehen ist der Barranco de las Angustias, der tief eingekerbt den Kessel nach Südwesten entwässert. Der Name des Tals der Todesängste geht auf eine Episode aus der Eroberungsgeschichte der Insel zurück. Im Sommer 1492, Kolumbus war gerade nach Amerika unterwegs, landete der spanische Eroberer Alonso de Lugo mit 900 Mann an der Westseite La Palmas. Angesichts der militärischen Präsenz von Lugos Streitmacht unterwarfen sich die meisten Stammesfürsten kampflos. Mit Ausnahme von Tanausu, der sich mit seinen Getreuen in den nur schwer zugänglichen Kessel der Caldera zurückzog. Der einzige Zugang war eine Schlucht, die jedoch an der engsten Stelle von Tanausus Leuten abgeriegelt wurde. Für die Spanier gab es kein Durchkommen, bei dem Versuch in die Caldera einzudringen verloren etliche der Angreifer ihr Leben. Im darauf folgenden Frühjahr entschloss sich Lugo zu einer anderen Taktik. Er gab vor, für Verhandlungen bereit zu sein und zog sich ins Aridanetal zurück, um dort den Stammeshäuptling zu empfangen. Dieser nahm gutgläubig das Angebot an, wurde dann prompt in einen Hinterhalt gelockt und gefangen genommen. Das Ende von La Palmas Ureinwohnern war damit besiegelt. Als Zeichen des Triumphes wollte Lugo seinen Gefangenen an den spanischen Hof bringen – Tanausu entzog sich der Schmach und starb auf der Überfahrt an den Folgen eines Hungerstreiks. Heute führt ein gut ausgebauter Wanderweg durch die Schlucht, doch anstrengend ist der Aufstieg in den Kessel nach wie vor.

VULKANISCHER SÜDEN

Vom Rand der Caldera verläuft der von zahlreichen Vulkankegeln besetzte gut 1900 m hohe Kamm der Cumbre bis zur

Rechts: Palmenstrand von Puerto Naos. Eine touristische Attraktion bilden die Salinen an der Punta de Fuencaliente.
Unten: Steile Gassen prägen das Ortsbild von San Andrés.

Südspitze der Insel. 1971 brach dort der Vulkan Teneguía aus und hinterließ eine Landschaft wie auf dem Mond. Die Eruption kündigte sich durch ein donnerndes Grollen an, so dass die Einwohner der nahe gelegenen Dörfer genug Zeit hatten sich in Sicherheit zu bringen. Noch heute liegt Schwefelgeruch in der Luft, an manchen Stellen braucht es nur ein paar angehobene Steine, um die heiße Erde darunter zu spüren. Noch scheint die vulkanische Phase nicht abgeschlossen, wenn auch, wie Vulkanologen versichern, ein neuer Ausbruch nicht unmittelbar zu befürchten ist.

ZU FUSS ÜBER DIE LAVAFELDER

Die lebensfeindliche Schlackenwüste will gar nicht so recht ins Bild von der grünen Insel passen. Doch gerade das Spannungsfeld zwischen immergrünen Bergwäldern und anthrazitfarbener Lava macht den Reiz La Palmas aus. Auf der als Wanderweg ausgewiesenen Ruta de los Volcanes lässt sich das vulkanische Geschehen hautnah erleben. Ausgangspunkt für die gut sechsstündige Tagestour ist der Rastplatz El Pilar auf dem bewaldeten Kamm der Cumbre. Entlang des Panoramawegs reiht sich ein aufgerissener Krater an den anderen, feinkörnige Schlacke knirscht unter den Wanderschuhen wie harscher Schnee. Mit zunehmender Höhe dünnt der Waldgürtel allmählich aus und gibt prächtige Tiefblicke auf die West- und Ostküste frei. Und vom Aussichtsgipfel des Deseada II lässt sich mit den Nachbarinseln Teneriffa, La Gomera und El Hierro praktisch der halbe Archipel überblicken.

Das Spannungsfeld zwischen grünen Bergwäldern und anthrazitfarbener Lava macht La Palmas Reiz aus.

BOOTSFLÜCHTLINGE

Flucht statt Urlaub

Die Flüchtlingswelle afrikanischer Migranten erreichte 2006 ihren vorläufigen Höhepunkt. Inzwischen gehen die Zahlen stark zurück, doch noch immer sterben Menschen bei der waghalsigen Überfahrt zu den Kanarischen Inseln.

Es ist Nacht und der Mann sitzt allein in einem einfachen Fischerboot an der Küste Senegals. Wie so viele in den letzten Jahren scheint er kurz vor der lebensgefährlichen Reise auf die Kanaren zu sein. Doch er muss nicht ablegen, er ist auch keiner der vielen unbekannten Senegalesen, sondern der weltberühmte Musiker Youssou N´Dur (Foto unten). Für eine Fernsehkampagne, die in seinem Heimatland ausgestrahlt wird, posiert er auf dem Boot. In dem Film mit grausamen Bildern von Leichen und zerschmetterten Booten sagt Youssou N´Dur: „Tausende junge Leute sind tot. Riskiere nicht dein Leben für nichts und wieder nichts. Du bist die Zukunft Afrikas." Die Medienkampagne ist mit Hilfe der spanischen Regierung produziert worden, die dafür rund eine Million Euro ausgab. Ihr Ziel ist Abschreckung, denn allein 2006 wagten mehr als 31 000 Menschen meist aus dem Senegal ihre Flucht. Wie viele verdursteten und ertranken, weiß niemand zu sagen.

Die Weltöffentlichkeit nahm Notiz von den Bildern: Schwarzafrikaner, die erschöpft an den Touristenstränden wie am Strand Los Cristianos in Teneriffa landeten, wo Europäer gerade ein Sonnenbad nahmen. Dahinter steckt ein handfestes Problem von Armut und Ungleichheit, von Ignoranz und fehlender Aufbauhilfe auf dem afrikanischen Kontinent.

DIE FESTUNG WIRD DICHT GEMACHT

Seit die Meerenge von Gibraltar in großem Umfang kontrolliert wird, ist der kürzeste Fluchtweg aus Afrika blockiert und die Migranten nehmen den weitaus gefährlicheren Weg von der Westküste Afrikas zu den Kanarischen Inseln in Kauf. Als der Zustrom immer mehr anstieg, begann die EU eine Kooperation mit Marokko und Mauretanien, um die Flüchtlingswelle einzudämmen. Und schließlich wurde viel Geld in die Grenzschutzbehörde FRONTEX investiert, die heute mit hochmodernen Schiffen zwischen Westafrika und den Kanarischen Inseln patrouillieren, die Flüchtlinge abdrängen und zurück zur Küste eskortieren. Doch oft, so das Rote Kreuz und der Rote Halbmond, gehen die überfüllten Boote bei den harschen Manövern unter und die Passagiere ertrinken.

Inzwischen sind die Auffanglager auf den Inseln leerer und nur noch wenige Boote schaffen es bis zu den Inseln. Der Rückgang des Flüchtlingsstroms hat mehrere Gründe. Während die Kanarische Zentralregierung die Arbeit von FRONTEX lobt und die Verhandlungen mit nordwestafrikanischen Regierungen wie dem Senegal weitergehen, sieht die spanische Zeitung El País noch einen anderen Grund: In Afrika habe sich Spaniens Wirtschaftskrise herumgesprochen und das Land sei für Migranten kaum noch interessant. Doch Europa wird für viele Menschen in Not weiter attraktiv bleiben, so wie für Youssou N´Dur selbst, der nicht in Senegal, sondern erst in Europa berühmt wurde.

FAKTEN

Bootsflüchtlinge an den Küsten der Kanarischen Inseln
erstmals 2002: 9928; Höhepunkt 2006: 31.859;
2009: 2242, Tendenz abnehmend.
Die Flüchtlinge kommen 72 Stunden in Polizeigewahrsam und werden dann zumeist ins Heimatland abgeschoben.

LA PALMA
Punta de Rabisca
Punta de Juan Adalid
Punta del Mudo
Punta de Valiero
Prois de Don Pedro
Punta de Topaciegos
Punta Gaviota
Punta del Corcho
Piscinas del Fajana
Punta Cumplida
La Fajana
El Turco
Punta y Prois de Santo Domingo
Santo Domingo (Garafía)
Barlovento
San Andrés y Sauces
Punta Salvajes
Roque Negro
Puerto Espíndola
Charco Azul
Punta Gorda
La Cruzchiquita
San Andrés
Prois de Lomada Grande
Costa de Triana
Cuevas de la Buracas
Punta de Izcagua
Los Tiles
Reserva de la Biosfera El Canal y Los Tilos
Punta El Guincho
Puntagorda
Las Moradas
Fuente Nueva
Observatorio Astrofisico
Roque de los Muchachos
Pico de la Cruz
Parque Natural de Las Nieves
Caldera de Taburiente
Parque Nacional de la Caldera de Taburiente
Playa de Nogales
El Peñón
Cueva del Infierno
Puntallana
Punta Salinas
Los Riveroles
Tabladitos
Piedra Llana
Pico de las Nieves
San Juan de Puntallana
Santa Lucía
Tenagua
Punta Santa Lucía
Caleta de la Sancha
Costa de Miranda
La Cofradía
Tijarafe
El Pinillo
Fuente de Candelaria
Somada Alta
Cueva de Tanausu
Casas de Taburiente
Roque Idafe
Los Brecitos
El Corralejo
Pico del Cedro
Playa de las Vinagreras
Playa del Mocán
Cueva de Candelaria
Playa de Jurado
Hoya Grande
La Cumbrecita
Mirador de las Chozas
Mirador de los Roques
Las Nieves
Santuario de N.S. de las Nieves
La Palmita
Convento de San Francisco
Cast. de Santa Catalina
El Salvador
Santa Cruz de la Palma
Cueva Bonita
Punta de la Corvina
Punta de los Gomeros
Pico Bejenado
Buenavista de Arriba
Mon. Natural del Risco de la Concepción
Punta del Moro
Los Llanos
El Paso
Mirador El Time
Ermita Virgen del Pino
Centro de Visitantes
Botaza
San Pedro
Breña Alta
Playa de Bajamar
Punta Los Guinchos
El Fuerte
Playa de los Cancajos
Punta de la Arena
Los Cancajos
Breña Baja
San Antonio
Punta de Juan Graje
Puerto de Tazacorte
Tazacorte
Roques de D.Pedro
Playa de la Viña
San Isidro
Dragos Gemelos
Cumbre Nueva
Punta de las Palomas
Aeropuerto de la Palma
Parque Natural de Cumbre Vieja
Playa del Perdido
Roques de las Hermanas
Playa Nueva
Refugio de El Pilar
Pico Birigoyo
Villa de Mazo
Playa del Hoyo
El Roque
Roques del Becerro
Casas La Bombilla
Puerto Naos
Las Manchas
San Nicolás
Volcán San Juan
Jedey
Punta del Andén
Punta del Moro
Playa del Pozo
Charco Verde
Montaña Los Charcos
Cueva de Belmaco
Malpaises
Playa del Burro
Salemeras
Punta las Salineras
Deseada
Cráter de Hoyo Negro
Refugio de Tigalate
El Remo
Punta del Cabestro
Playa El Remo
Cráter de Duraznero
Tigalate
Tiguerorte
Punta de la Barqueta
Playa de la Barqueta
Roques de Niares
Bahía de los Roques
Punta de Tigalete
Volcán Martín
Aldea del Charco
Punta Banco
Playa y Bajas de la Zamora
Monte de Luna
Playa Martín
Playa del Río
Playa de los Roquitos
Las Indias
Cueva de las Palmeras
Punta del Hombre
Las Caletas
Los Roques de Anaga
El Puertito
Punta Resbaladera
Los Canarios
Fuencaliente de la Palma
Los Lázaros
Punta Vuelta del Toro
Punta Larga
Volcán de San Antonio
El Guincho
Punta Gruesa
Volcán de Teneguía
Playa de las Cabras
Playa Echentive
Caleta del Ancón
Punta Malpique
Playa del Faro
Punta Malpaís
Punta de Fuencaliente
01
02
03
04
05
06
Maßstab 1:175.000
0
2
4km

Vulkaninsel mit viel Grün

Ein gut 2400 m hoher Gebirgskamm teilt La Palma. Verwaltet wird die Insel von der im Osten gelegenen Hauptstadt Santa Cruz de la Palma, die mit einer hübsch herausgeputzten kolonialen Altstadt aufwartet. Die Westseite punktet mit viel Sonne und den besseren Stränden.

01 SANTA CRUZ

Die Kolonialzeit hinterließ Santa Cruz de la Palma (18 000 Einw.) eine wunderbare Altstadt, die mit ihren Kirchen und Adelspalästen zu einer der schönsten im ganzen Archipel gehört. Ursprünglich auf einem schmalen Uferstreifen gebaut, klettern die Häuser der weißen Stadt mittlerweile immer höher den Hang hinauf.

Sehenswert

Die **Plaza de España** rahmt ein ansprechendes Ensemble spanischer Kolonialarchitektur. Das **Rathaus** mit einer hinter Säulen versteckten Vorhalle wurde 1563 im Stil der Renaissance erbaut. Gegenüber davon steht die **Iglesia del Salvador**, die man durch ein prächtiges Renaissanceportal betritt. Von der Innenausstattung ist die farbige Kassettendecke ein Blickfang. Wahrzeichen der Stadt sind die **Balcones típicos** entlang der Avenida Marítima. Pittoreske Holzbalkone zieren die zur Meerseite gewandten pastellfarbenen Häuserfassaden.

Museum

Im ehemaligen Franziskanerkloster stellt das **Museo Insular** die vorspanische Zeit, eine naturkundliche Sammlung und lokales Handwerk vor (Mo.–Sa. 10.00–19.30, So. 10.00–14.00, Sommer Mo.–Sa. 10.00–19.30 Uhr).

Hotel

€€€ Hotel **San Telmo** liegt mitten in der Altstadt in einem restaurierten Bürgerhaus aus dem 18. Jahrhundert. Die acht Zimmer sind rustikal eingerichtet, manche haben einen kanarischen Balkon (Calle San Telmo 5, Tel. 922 41 53 85, www.hotel-santelmo.com).

Restaurant

€€ **La Placeta** wird von einer deutschen Köchin geführt, die gekonnt kanarische Elemente einfließen lässt. Gemütliches Ambiente! (Placeta Borerro 1, Tel. 922 41 52 73).

Umgebung

4 km oberhalb von Santa Cruz liegt mit dem **Santuario de Nuestra Señora de las Nieves** die bedeutendste Wallfahrtskirche der Insel. Sie beherbergt auf einem schweren Silberaltar eine Terrakottastatue der Jungfrau vom Schnee, die alle fünf Jahre in einer großen Prozession (Bajada de la Virgen) in die Hauptstadt getragen wird (nächster Termin: 2015). Mit seiner gefälligen Landarchitektur ist **San Andrés** (24 km nördl.) vielleicht das hübscheste Inseldorf. Das Meeresschwimmbecken Charco Azul ist einer der wenigen Badeplätze an diesem Teil der Ostküste. An heißen Sommertagen wird das Lavabecken allerdings meist von der Dorfjugend voll in Beschlag genommen. Von der alten Straße San Andrés/Santa Cruz zweigt ein schmales Sträßchen nach **Los Tilos** ab. Im wasserreichen Barranco de Agua ist ein fast 100 m hoher Wasserfall zu bewundern.

Information

Oficina de Información Casa del Cristal
Avda Blas Pérez Gonzáles s/n
Tel. und Fax 922 41 21 06
www.lapalmaturismo.com

Tipp

Kunst in Las Manchas

Die Plaza La Glorieta im Weiler Las Manchas ist klein, aber fein. In mühevoller Handarbeit schuf der palmerische Künstler Luis Moreno aus gebrochener Keramik ein wunderschönes Bodenmosaik mit einer von Eidechsen belebten ornamentalen Fantasielandschaft. Nahebei plätschert Wasser aus dem Maul eines Chamäleons, es gibt auch eine mit Stricklava verkleidete kleine Bühne. Von einer der originell gestalteten Sitzbänke aus kann man die beschauliche Atmosphäre des Platzes genießen. Las Manchas liegt an der Straße von El Paso nach Los Canarios.

02 LOS CANCAJOS

Der Badeort ist mit gut 3000 Gästebetten das größte Ferienzentrum der Insel. Die nüchtern konzipierte Hotel- und Apartmentstadt ohne gewachsenes Zentrum hat sich auf dem Gelände einer ehemaligen Saline breit gemacht.

Statue der Jungfrau vom Schnee

Hotel

€€€ Die im kanarischen Stil gehaltene **Hacienda de San Jorge** zentriert sich um eine von Palmen eingefasste Poollandschaft. Nicht weit vom Strand entfernt gehört das Resort zu den beliebtesten Ferienanlagen der Kanaren, (Playa de Los Cancajos 22, Tel. 922 18 10 66, www.hsanjorge.com).

Restaurant

Alteingesessen ist € **El Pulpo** an der Strandpromenade, hier kehren auch Einheimische gern ein. In dem urigen Blockhaus sind Fische die erste Wahl (Tel. 922 43 49 14, Mi. geschl.).

Strand

Die schwarzsandige **Playa de los Cancajos** besteht aus zwei durch eine Lavazunge getrennte Buchten, vorgelagerte Wellenbrecher machen fast ganzjährig Badebetrieb möglich.

03 VILA DE MAZO

In Mazo (4800 Einw.) oder El Pueblo, wie der Ort offiziell genannt wird, zieht ein Bauernmarkt jedes Wochenende Besucher an. Der Gemeindesitz ist für trockene Weine bekannt.

Sehenswert

Die **Iglesia de San Blás** am unteren Ortsrand kann mit einem Schnitzaltar von 1513 aufwarten. Beachtenswert ist außerdem die hölzerne Mudéjar-Decke.

Infos

Einkaufen
Auf dem **Bauernmarkt** (Mercadillo) werden neben hausgemachten Marmeladen und Mojosaucen auch Handarbeiten von der ortsansässigen Stickereischule verkauft (Sa. 15.00 bis 19.00, So. 9.00–13.00 Uhr). In Hoyo de Mazo stellt die Töpferwerkstatt **El Molino** nach Art der Guanchen schwarze Keramik her.

Veranstaltung
Das **Fronleichnamsfest** (Corpus Cristi) wird alljährlich mit großem Aufwand gefeiert. Die Straßen sind mit kunstvollen Teppichen aus Blüten und Sand ausgelegt.

Umgebung
Mittelpunkt des **Parque Arqueológico de Belmaco** (7 km südl.) ist eine Höhle, in der in vorspanischer Zeit ein Inselfürst wohnte. Vor dem Eingang befinden sich in den Fels geritzte Petroglyphen.
In **Los Canarios** (10 km südl.) lohnt ein Besuch des Vulkans San Antonio, von dem sich ein bizarres Panorama auf den unterhalb davon gelegenen Volcán de Teneguía eröffnet. Dort ereignete sich 1971 der jüngste Vulkanausbruch auf den Kanaren. Von Los Canarios führt eine Straße nach Süden, zum Leuchtturm von Fuencaliente. Direkt daneben liegt eine **Saline**, in der geringe Mengen von Meersalz gewonnen werden.

Weg zu den Dragos
Etliche von La Palmas Drachenbäumen lassen sich nur im Rahmen einer längeren Wanderung entdecken. Leicht zugänglich ist der Drachenbaumhain bei Barlovento hoch über der Nordküste. Westlich von dem Ort führt vom Mirador de La Tosca ein zehnminütiger Pfad zu den etwa 20 archaisch anmutenden Dragos hinab. Einer der romantischsten Plätze auf der Insel!

Abendstimmung in Puerto Naos, dem Ort mit den meisten Sonnenstunden der ganzen Insel

04 LOS LLANOS DE ARIDANE
Los Llanos (20 000 Einw.) ist das urbane und kulturelle Zentrum auf der Westseite und zugleich auch die größte Stadt La Palmas. 1812 gegründet, sind um den kleinen Altstadtkern in den letzten beiden Jahrzehnten moderne Wohn- und Geschäftsviertel entstanden.

Sehenswert
Die großzügige **Plaza de España** wird an der Nordseite von der Pfarrkirche Nuestra Señora de los Remedios begrenzt. Im Rahmen des Projekts „Die Stadt im Museum" wurden etliche Häuser um den Platz mit großflächigen Wandmalereien verschönert. Das 2007 eröffnete **Museo Arqueológico Benahoarita** zeigt hinter einer postmodernen Fassade eine Sammlung aus vorspanischer Zeit. Mit Keramikfunden und Werkzeugen wird der Alltag der Ureinwohner beleuchtet (Camino de Las Adelfas, Di.–Sa. 10.00–14.00 und 17.00–20.00 Uhr).

Restaurant
Im **€€ San Petronio** wird original italienische Küche aufgetischt. Das Lokal liegt etwas außerhalb auf einer Anhöhe. Kinder können sich auf dem kleinen Spielplatz vergnügen oder eine Runde Minigolf spielen (Calle Pino Santiago 40, Tel. 922462403, So. u. Mo. geschl).

Umgebung
In **El Paso** (8 km östl.) wird im Seidenmuseum die Herstellung des kostbaren Stoffes gezeigt (Taller de Seda Las Hilanderas, Calle Manuel Taño 6, Mo.–Fr. 10.00–13.00, Di. und Do. auch 17.00–19.00 Uhr). Über den Aussichtspunkt El Time und das Landstädtchen Tijarafe wird **Puntagorda** im abgeschiedenen Nordwesten angefahren. Besonders reizvoll zeigt sich der Ort im Februar zur Zeit der Mandelblüte. Noch ein Stück weiter können im **Kulturpark La Zarza** Felsbilder der Guanchen entdeckt werden.

Information
Oficina de Turismo, Avenida Dr. Fleming s/n, Tel. 922 40 25 83, Fax 922 40 25 28

05 TAZACORTE
Die Kleinstadt (6500 Einw.) oberhalb der Westküste ist die Bananenhauptstadt der Insel. Ein kleines Museum über die „Paradiesfrucht" steht also genau am richtigen Platz. Der zugehörige Hafenort Puerto de Tazacorte wartet mit einem schönen Strand und etlichen guten Fischlokalen auf.

Museum
Im Ortsteil El Charco informiert das **Museo del Plátano** über die wichtigste Exportfrucht der Insel. Historisches Bildmaterial veranschaulicht die Anfänge des „Bananenzeitalters" (Camino de San Antonio, Mo.–Fr. 10.00–13.00 und 16.00–19.00 Uhr).

Hotel
€€ Finca Tropical: Mitten in einer Bananenplantage werden Studios, Apartments und Bungalows unterschiedlicher Größe vermietet. Von allen Ferienwohnungen hat man einen wunderbaren Meerblick (Los Palacios 59, Tel. 922 48 01 62, www.la-palma-tourismus.com).

Strand
Eine Betonmole schützt die schwarzsandige **Playa de Tazacorte** vor der Brandung und macht sie zum sichersten Strand auf der Westseite.

Aktivität
Vom Hafen in Puerto de Tazacorte werden **Bootsausflüge zur Cueva Bonita** angeboten. Die Meeresgrotte liegt etwa 4 Seemeilen nördlich vom Ort. Der Ausflug empfiehlt sich nur bei ruhiger See. Infos direkt an der Mole. Im Ortskern von Puerto de Tazacorte beginnt ein Weg, der zum **Mirador El Time** hinaufführt.

Umgebung
Der Badeort **Puerto Naos** (10 km südl.) mit seinem schönen Palmenstrand an der Westküste garantiert die meisten Sonnenstunden auf der Insel. Mit 600 m ist die Playa de Puerto Naos nicht nur einer der längsten, sondern von Kokospalmen gesäumt auch einer der schönsten Inselstrände. Weiter südlich schließen sich die Badebuchten Playa las Monjas (FKK) und Charco Verde an.

06 CALDERA DE TABURIENTE

Das Naturwunder ▶**TOPZIEL** im Zentrum der Insel gilt mit einem Durchmesser von fast 9 km als der größte Senkkrater der Welt. Geologen gehen davon aus, dass der Kessel durch Erosion entstanden ist. Das Gebiet ist seit 1954 als Nationalpark geschützt.

Sehenswert
Der Wanderklassiker durch die Caldera beginnt am Ausgang des **Barranco de Las Angustias**. Dort stehen bei gutem Wetter vormittags Jeeptaxis bereit, die die Wanderer hinauf nach Los Brecitos bringen (Abstieg in die Caldera und weiter durch den Barranco de las Angustias mind. 5–6 Gehstunden). Ein mit dem Pkw erreichbarer Aussichtspunkt ist die **Cumbrecita** auf dem südlichen Calderarand, die einen Blick in den gewaltigen Kessel erlaubt (Informationskiosk der Parkverwaltung). Noch beeindruckender ist der Blick vom Gipfel des **Roque de los Muchachos** (2426 m). Am Gipfel befinden sich die futuristisch anmutenden Kuppeln des Observatoriums. Um dem Besucher genauere Kenntnisse über Geologie, Flora und Fauna zu vermitteln, hat die Parkverwaltung bei El Paso ein Besucherzentrum (Centro de Visitantes, tgl. 9.00–14.00 und 16.00–18.30 Uhr) eingerichtet.

Information
Centro de Visitantes Parque Nacional, El Paso, Ctra. General de Padrón 47
Tel. 922 49 72 77

DuMont Aktiv

Ausblicke am Kraterrand

Die ebenso leichte wie spektakuläre Wanderung bietet ein Bilderbuchpanorama von der Insel La Palma. Der Weg La Cumbrecita verläuft am Südrand des gewaltigen Kraters Caldera de Taburiente und ist eine wunderbare Einstiegstour.

Los geht es ab den Parkplätzen der Cumbrecita neben dem Infohäuschen. Von hier aus läuft man auf leichter Strecke zunächst zum Mirador de los Roques und dann zum Mirador de las Chozas und benötigt für die gesamte Runde rund 1,5 Stunden.

Geologische Formationen der Caldera

MORGENS BESTE SICHT
Die Wege sind sehr gut ausgeschildert und einfache Wanderschuhe reichen für diese Tour aus. Es geht immer wieder auch durch schattige Kiefernwälder und man hat auf der Kurzwanderung einen so schönen Blick auf die Gipfel der Umgebung wie sonst kaum auf der Insel.

Wegen des Passatnebeles ist es früh morgens am schönsten auf dieser Strecke. Gegen Mittag kann es neblig werden und die wunderbare Panoramasicht ist ab und zu stark beeinträchtigt. Am Weg befinden sich übrigens gute Informationstafeln über die Pflanzenwelt der Umgebung.

Wolken über dem Kraterrand

WEITERE INFORMATIONEN

Ausgangspunkt:
Mit dem Pkw von El Paso aus zum Besucherzentrum, von dort dem Schild „parque nacional" folgen bis zur Schranke, von dort zum Parkplatz.
Falls die Schranke geschlossen ist, trägt man sich am besten im Besucherzentrum (tgl. 9.00–14.00 und 16.00–18.30 Uhr) in die Warteliste ein. Dort bekommt man eine Nummer und wird aufgerufen, sobald wieder ein Platz frei ist.

Gehzeit:
rund 1,5 Std.

Kleine Insel, viel Natur

Nur unweit vom Massenbetrieb auf den umtriebigen Nachbarinseln entfernt glänzt El Hierro mit Stille und einem Stück unverbrauchter Natur, wie es Individualisten sich wünschen. Dennoch tut sich auf der kleinen Insel ganz Großes. In Sachen Energie will man in eine Vorreiterrolle schlüpfen und weltweit als erste Insel ganz auf erneuerbare Energiequellen umstellen.

Vom Mirador de la Peña öffnet sich ein weiter Blick auf die Bucht von El Golfo mit ihren 1000 m hoch aufragenden Felswänden.

Natur in ihren eindrucksvollsten Ausprägungen: knorriger Wacholder bei El Sabinar. Lange vom Aussterben bedroht, vermehren sich Hierros Rieseneidechsen mittlerweile ganz gut. Sie werden im Durchschnitt 60 cm lang und sind 400 g schwer. Fast wie ein Teil der Natur wirkt Frontera, dessen Bebauung sich gut in die Landschaft einfügt.

Einst als Festungskirche gegen Piratenangriffe erbaut: Iglesia de la Concepción in Valverde

Vor fast 2000 Jahren legte der ägyptische Geograf und Astronom Ptolemäus den Nullmeridian durch El Hierro. Zu jener Zeit galten die damals Inseln der Glückseligen genannten Eilande als der Rand der bekannten Welt. Während die Hauptinseln den Anschluss an Europa geschafft haben und von einer Welle von Feriengästen fast schon überrollt werden, liegt das kleine El Hierro im äußersten Südwesten des Archipels immer noch ab vom Schuss. Es ist sozusagen der letzte Außenposten Europas. Auf dem Regionalflughafen landen am Tag lediglich ein paar kleine Maschinen. Direktflüge aus Europa gibt es nicht, Besucher müssen in Teneriffa oder Gran Canaria umsteigen oder eine mehrstündige Überfahrt auf der Fähre in Kauf nehmen. Doch für viele Besucher ist gerade die Randlage ein Pluspunkt. El Hierro ist eine Insel, auf der Ruhe noch kein Fremdwort ist, und wo alles ein paar Schritte langsamer läuft als in den Ferienstädten nebenan. Gerade mal 10 000 Menschen leben auf der Insel, im Grunde sind sie eine große Familie, wo fast jeder jeden kennt.

AUF DEM WEG ZUR ÖKOINSEL

Seit im Jahr 2000 El Hierro Biosphärenreservat der UNESCO geworden ist, hat die bis dato ohnehin schon ökologisch ausgerichtete Insel nochmals einen kräftigen Sprung in eine saubere Zukunft getan. Die Insel will in absehbarer Zeit ihren ganzen Strombedarf durch alternative Energien decken. Möglich gemacht werden soll dies durch die Nutzung von Windkraft und einem Wasserkraftwerk. Wenn es soweit ist, wird das bisherige mit fossilen Rohstoffen beheizte Kraftwerk abgeschaltet, was den Ausstoß von klimaschädlichem Kohlendioxid erheblich verringern wird. Auch im Fremdenverkehr geht die kleinste Kanareninsel eigene Wege. Massentourismus gibt es auf El Hierro nicht. Und das soll auch so bleiben. Schon seit Jahren setzt man dafür auf einen umweltverträglichen Naturtourismus. Das Angebot an Gästebetten hält sich in einem überschaubaren Rahmen und soll maximal auf 2000 Betten ausgeweitet werden. Gäste kommen bevorzugt in kleinen Landhotels und Fincas unter.

SCHÖNE AUSSICHTEN

Mirador steht im Spanischen für einen schönen Aussichtspunkt. Und davon hat das kleine El Hierro eine ganze Menge. Bis zu 1500 m erhebt sich das Hochland aus dem Meer und fällt zu allen Seiten abrupt ab. An besonders reizvollen Stellen hat man mit einer Aussichtsplattform nachgeholfen. Südlich

Das Felsentor Roques Bonanza befindet sich bei Las Playas an Hierros Ostküste.
Erreichbar ist dieser einsame Platz nur von Norden her über Valverde.

An der Anlegestelle in La Restinga gehen die Berufsfischer ihrer Arbeit nach. Vor den Küsten der Kanaren suchen Sportangler beim „Big Game Fishing" ihr Petri Heil.

Badefreuden in La Maceta, einem Meerwasserschwimmbecken bei Punta Grande

Special KANARISCHER RINGKAMPF

Wer geht zuerst zu Boden?

In sportlicher Hinsicht ist das kleine El Hierro ganz groß. Beim kanarischen Volkssport, der Lucha Canaria, misst es sich mit den besten Teams der Nachbarinseln und geht nicht selten als Sieger vom Platz.

Der Ringkampf geht auf eine vorspanische Tradition zurück. Jedes Team besteht aus zwölf Kämpfern, dabei kämpft jeder gegen jeden. Die Regeln sind relativ einfach. Die beiden Luchadores fassen sich an den bis zu den Oberschenkeln aufgerollten Hosen und versuchen den Gegner durch Ziehen und Aushebeln aus dem Gleichgewicht zu bringen. Gewonnen hat man, wenn der Gegner mit einem anderen Körperteil außer den Füßen den Boden berührt. Gewichtsklassen gibt es keine, Schwergewichte messen sich mit Leichtgewichten, Hünen mit Hänflingen. Doch Kraft allein entscheidet nicht immer, oft kommt es auf Schnelligkeit und die richtige Technik an. Dazu gehört beispielsweise auch das ganz gewöhnliche Beinstellen. Fällt nach zwei Runden keine Entscheidung, wird der Kampf unentschieden gewertet. Am Ende werden die Siege der Mannschaften zusammengezählt. Herausragende Ringer werden „pollo" oder „pollito" (Huhn, Hühnchen) genannt – warum, weiß niemand mehr so genau. Die Wettkämpfe finden in der Regel an Wochenenden statt, Termine sind über die Touristenbüros zu erfahren.

Der Gegner muss zu Fall gebracht werden.

von San Andrés kann der Mirador de Isora gleich mit mehreren Panoramaterrassen aufwarten. Der Ausblick auf das Felsentor Roque de la Bonanza in der Bucht von Las Playas könnte grandioser nicht sein. Kaum zu glauben, dass durch die Steilwand ein begehbarer Steig zum Meer hinab führt. Schwindelfrei sollte man allerdings sein.

DAS GIPFEL-ERLEBNIS

Mindestens genauso spektakulär ist der Mirador de Jinama westlich von San Andrés. Auch von dort lässt es sich wunderbar wandern: entweder auf einem alten Dorfverbindungsweg nach Frontera ins zu Füßen liegende Golfotal hinab. Oder nordwärts zum Mirador de la Peña, der von dem lanzarotischen Künstler Cesar Manrique entworfenen und vielleicht berühmtesten Aussichtswarte der Insel. Für ambitionierte Wanderer ist der Weg entlang der Abbruchkante zweifelsohne das Nonplusultra. Und dann ist da noch der Malpaso, El Hierros höchster Gipfel. Vom Cruz de los Reyes führt eine auch mit dem Pkw befahrbare Piste bis direkt auf den exakt 1500 m hohen Berg hinauf. Auch von hier zeigt sich der Halbkrater El Golfo in seiner ganzen Größe, als Zugabe heben sich bei guter Fernsicht die Nachbarinsel La Gomera und Teneriffas Teide vom azurblauen Atlantik ab.

EL HIERRO

01
02
03
04
Punta del Guanche
Charco Manso
Punta Norte
Punta de Amacas
Bahía de las Calcosas
Las Salinas
Pozo de las Calcosas
Echedo
Montaña Bermeja
Punta de Malpaís
Playa del Salto
Tamaduste
Cueva de los Barcos
Balneario
Ermita de San Lázaro
Aeropuerto de El Hierro
Playas Largas
Roque Salmor
Punta de Salmor
Mocanal
Ermita de San Pedro
Guarazoca
Hoyo del Barrio
Betenama
Museo de Artesania
Valverde
Erese
Pedraje
Playa del Cantadal
Mirador de la Peña
Jarales
Las Montañetas
La Caleta
Punta de la Caleta
Playa de la Caleta
Ribera
Embarcadero de Punta Grande
Museo de Sitio Guinea
Punta de Zamora
Las Puntas
Arbol Santo
Tiñor
Cueva del Diablo
Puerto de la Estaca
Playa del Varadero
Punta de Tejeguate
Playa los Corrales
★★ El Golfo
Risco Tibataje
Chamuscada
Casas Guinea
San Andrés
Playa de Tijeretas
Punta Arenas Blancas
Punta de las Poyatas
Izique
Obelisco
Bahía de Temijiraque
San Telmo
Punta de Temijiraque
Temijiraque
Pta.s de Gutiérrez
Arco de la Tosca
Playa la Madera
Los Mocanes
La Cuesta
Ermita de la Caridad
Charco Azul
Roques de la Sal
Pta.Tosca Amarilla
Playa de Verodal
Punta de los Palos
Bahía de la Hoya
Gruta de laya
Belgara Baja
Mirador de Jinama
Las Lapas
Timbarombo
Las Rosas
Punta del Verodal
Bahía de los Reyes
Mirador del Bascos
Pozo de la Salud
Los Llanillos
Merese
Tigaday
Frontera
Belgara Alta
La Torre
Los Llanos
El Pinar
Balneario
Sabinosa
Las Toscas
Asomada
Tajace de Abajo
Isora
Mirador de Bermeja
El Sabinar
La Dehesa
Ventejea
Bermeja
Mirador de las Playas
Punta de Ajones
Punta de los Reyes
Cuelva de Caracol
Santuario N.S. de los Reyes
Cruz de los Humilladeros
Malpaso
Cruz de los Reyes
Roque de la Bonanza
Punta de la Bonanza
Las Playas
Vivero Forestal
Mercadel
Hoya de Morcillo
Casa Forestal
Las Casas
Parador de El Hierro
Punta del Barbudo
Faro de Orchilla
El Julán
Mirador de Tanajara
Museo Panchillo
Taibique
Playa de los Cardones
Playa de los Colorados
Punta de los Mozos
Playa de los Mozos
Playa de Tejeda
Punta de Tejeda
Los Letreros
Montaña La Empalizada
Cueva del Bucarón
Cueva del Gatereón
Punta de Miguel
Bahía de Miguel
Playa Brava
Playa de Linés
Roques de los Joraditos
Cueva del Diablo
El Río
Hoya del Tacorón
Punta Lajas del Lance
El Rio
Gorona del Lajia
Playa de Manchas Blancas
El Lajial
Cueva de Don Justo
Restinga
Playa del Cantdal
Punta del Miradero
Punta de las Cañas
Bahía de Naos
La Restinga
Punta de la Restinga
Punta de los Saltos
HI1
HI2
HI3
HI4
HI5
HI10
HI15
HI30
HI35
HI45
HI50
HI120
HI400
HI500
HI550
Maßstab 1:155.000
0
2
4km

Insel für Individualisten

El Hierro, die mit 269 km² kleinste Kanareninsel, bietet kaum Raum für Strände, dafür ein nur wenig besiedeltes reizvolles Hinterland. Vom Rand des Hochlandes erlauben etliche Aussichtsplätze spektakuläre Ausblicke auf die ausgefranste Lavaküste. Touristische Anlaufpunkte sind das Golfotal und das vor allem bei Tauchern beliebte La Restinga an der Südküste.

01 VALVERDE

Mit gerade mal 1700 Einwohnern wirkt die kleine Inselhauptstadt im Hochland eher wie ein großes Dorf. Angesichts der Höhenlage auf 700 m liegt sie bereits im Einflussbereich der Passatwolken. Vor allem im Winter sind die wenigen Straßenzüge der Streusiedlung vielfach von dichten Wolkenpaketen eingehüllt.

Sehenswert

Die Pfarrkirche **Santa María de la Concepción** aus dem 16. Jh. ist mit ihrem wuchtigen Mauerwerk wie ein regelrechter Festungsbau konzipiert.

Veranstaltung

Alle vier Jahre (nächster Termin Juli 2015) wird im Rahmen der **Bajada de la Virgen** die Statue der Schutzheiligen von der Ermita de los Reyes auf einem 28 km langen Prozessionsweg quer über die Insel in die Hauptstadt getragen. Der Klang von Trommeln und Kastagnetten begleitet das folkloristische Spektakel.

Hotels

€€€€ Das staatlich geführte 4-Sterne-Haus **Parador de El Hierro** liegt direkt am Meer am Ende einer 12 km langen Stichstraße südlich von Valverde. Mit gutem Service und typisch kanarischer Küche gilt es als das beste Hotel der Insel. Der steinige Strand ist nur bei ruhiger See badetauglich, dafür gibt es einen kleinen Pool und eine Minigolfanlage. Für alle jene Gäste, die es wirklich einsam lieben (Las Playas 26, Tel. 922 55 80 36, Fax 922 55 80 86, www.parador.es).

€€ Das **Boomerang** ist ein familiär geführtes Haus ein paar Gehminuten vom Zentrum entfernt. Die Zimmer im Obergeschoss haben Meerblick (Calle Doctor Gost 1, Valverde, Tel. 922 55 02 00, www.hotel-boomerang.es).

Restaurant

€ Beim **La Taberna de La Villa** handelt es sich um ein ansprechendes Lokal beim Rathaus. In der Bar im Parterre gibt es Tapas, im Restaurant außer herzhafter kanarischer und spanischer Küche auch Pizzen (Calle General Rodríguez y Sanchez Espinola 10, Tel. 922 55 19 07).

Einkaufen

Das Kunsthandwerkszentrum in der **Casa de las Quinteras** offeriert auf der Insel hergestellte Töpferware, Stickereien und Korbwaren. Dem Verkaufsraum ist ein kleines ethnografische Museum angeschlossen (Calle Armas Martel s/n).

Umgebung

Südwestlich der Hauptstadt steht der **Árbol Santo**, ein Lorbeerbaum, dessen Vorgänger wegen seiner Wasser spendenden Eigenschaft als heiliger Baum verehrt wurde und es bis ins Wappen der Insel gebracht hat. Von den Blättern des von den Ureinwohnern Garoé genannten Baumes soll selbst in Dürrezeiten Wasser geflossen sein, was heute mit dem im Hochland vorherrschenden feuchten Passatklima erklärt wird. Den ursprünglichen Baum fällte im 17. Jahrhundert ein Sturm, das heutige Exemplar wurde 1957 gepflanzt.

War den Ureinwohnern der Insel heilig: Árbol Santo nahe der Inselhauptstadt Valverde

Speisen mit Aussicht

Der vom lanzarotischen Künstler César Manrique gestaltete Mirador de la Peña gehört zu den spektakulärsten Aussichtsplätzen der Kanarischen Inseln. Manrique hatte eine sichere Hand für das Außergewöhnliche. Ein Panoramalokal, erbaut aus Lavagestein, setzte er direkt an den Rand eines 700 m hohen Felsabbruchs. Große Glasfronten geben den Blick auf das Tal von El Golfo frei. Das mit Farnen begrünte Lokal offeriert typisch kanarische Gerichte.

Carretera de Guarazoca, Tel. 922 55 03 00

Information

Patronato de Turismo
Calle Doctor Quintero 4
Tel. 922 55 03 02, Fax 922 55 10 52
www.elhierro.es

02 EL GOLFO

Der Halbkrater El Golfo an der Nordwestseite der Insel entstand vor rund 50 000 Jahren, als vermutlich durch ein Erdbeben ein Teil der Insel wegbrach und eine fast halbkreisförmige Bucht mit einem großzügigen Tal im Rücken hinterließ. Die beiden Hauptorte in dem fruchtbaren Hangtal sind La Frontera und Tigaday. Dank der reizvollen Lage und dem mildem Klima avancierte das Golfotal zum wichtigsten Ferienziel der Insel.

Sehenswert

Die Dorfkirche **Nuestra Señora de la Candelaria** in La Frontera ist eines der Wahrzeichen

Am einsamen Parador de El Hierro

der Insel. Ihr frei stehender hübscher Glockenturm liegt weithin sichtbar auf einem Hügel über dem Ort.

Museum

Im **Ecomuseo de Guinea** machen kleine Natursteinhäuschen mit dem Wohnstil aus der Frühzeit der spanischen Besiedlung bekannt. Auf dem Gelände des Freilichtmuseums befindet sich zudem eine Aufzuchtstation für die eindrucksvollen Rieseneidechsen. Seit 2007 eine Geröllawine die Station zerstörte, sind die Echsen in einem provisorischen Gebäude untergebracht (Carretera General La Puntas s/n, Juli–Sept. Di.–Sa. 10.30–14.30 und 17.00 bis 19.00, So. 11.00–14.00 Uhr, übrige Zeit Di. bis Sa. 10.00–14.00 und 16.00–18.00, So. 11.00 bis 14.00 Uhr).

Hotels

€€€ Das exponiert auf eine Lavazunge direkt über dem Meer gebaute **Punta Grande** galt lange Zeit als das kleinste Hotel der Welt. Neben den im maritimen Stil ausstaffierten vier Zimmern werden mittlerweile auch ein paar Apartments in der Nähe vermietet. Zu dem Mini-Hotel gehört ein gutes Restaurant (Las Puntas, Tel. und Fax 922 55 90 81).

€€€ Das **Hotelito Ida Inés** ist ein kleines Familienhotel mit 11 Zimmern in aussichtsreicher Lage mit Blick auf Meer und Berge. Auf dem Dach gibt es einen Pool (La Frontera, Camino del Hoya Belgara Alta 2, Tel. 922 55 94 45, Fax 922 55 60 88, www.hotelitoidaines.com).

Restaurant

Auf der Terrasse des **€ La Maceta** bei den gleichnamigen Meeresschwimmbecken wird gehobene Fischküche aufgetischt, besonders romantisch ist es zum Sonnenuntergang (Tel. 922 55 60 20).

Umgebung

Fährt man von Frontera parallel zur Küste in westlicher Richtung, so erreicht man an der Westküste die hübsche **Playa de Verodal**. Der schönste Strand der Insel besteht aus rötlichem feinen Sand.

03 EL PINAR

In politischer Hinsicht hat El Pinar vor einiger Zeit für eine kleine Sensation gesorgt, als erstmals seit 1925 auf den Kanaren eine neue Gemeinde gründet wurde. Der 800 m hoch gelegene Ort spaltete sich 2007 von der Gemeinde Frontera ab und zählt mit seinen beiden Ortsteilen Las Casas und Taibiques mittlerweile rund 1900 Einwohner – El Hierro hat insgesamt nur rund 11 000 Einwohner. Der Name El Pinar geht auf den stattlichen Kiefernwald zurück, der am Ortsrand wächst.

Sehenswert

In **Taibiques** lohnt ein Blick auf die 1719 erbaute Pfarrkirche Iglesia de San Antonio Abad mit ihrem freistehenden wehrhaften Glockenturm daneben. Der Ortsteil wird von der **Montaña de Tanajara** überragt, auf deren Kuppe eine Aussichtsplattform ein wunderbares Panorama bis hinab zur Südküste erlaubt.

Umgebung

Von El Pinar erreicht man auf einer Erdstraße die **Ermita Virgen de los Reyes**. Die schlichte Kapelle von 1741 beherbergt eine auf dem Barockaltar stehende Marienfigur, die alle vier Jahre im Rahmen einer großen Prozession in die Hauptstadt getragen wird. Unterhalb von der Kapelle führt eine Piste zum **Faro de Orchilla** hinab. Der auf eine Klippe gesetzte Leuchtturm markierte einstmals den Nullmeridian. Auf dem Rückweg lohnt ein Abstecher nach **Los Letreros**. Die Felsbildstellen liegen 6 km südlich der Piste und sind nur zu Fuß erreichbar. Auf schräg abfallenden Felsplatten ritzten die Ureinwohner rund 400 Zeichen in den Stein, deren Botschaft bis heute nicht entschlüsselt ist. Es wird vermutet, dass die Region eine bedeutende Kultstätte der Bimbaches war.

04 LA RESTINGA

Der kleine Fischerort an der Südspitze ist der sonnigste Fleck auf El Hierro. Eine Mole, nicht gerade optisch schön, doch praktisch, schützt den winzigen Hafenstrand und erlaubt das ganze Jahr über Badebetrieb. Etliche kleinere

Tipp

Bizarre Bäume

Das botanische Aushängeschild von El Hierro ist nur auf quer über die Insel führenden schmalen Sträßchen und Pisten oder auf einem Wanderweg zugänglich. Von der Wallfahrtskirche Virgen de los Reyes erreicht man in nordwestlicher Richtung nach gut 3 km El Sabinar. Etliche knorrige Wacholderbäume geben dem windgepeitschten Landstrich einen ganz eigenwilligen Charakter. Die Kronen der Bäume wurden vom Passatwind dicht auf den Boden gedrückt und zu mitunter bizarren Formen verdreht.

Ausblick vom Mirador de las Playas, der zwischen La Restinga und Valverde liegt

Tipp

Viehmarkt in San Andrés

Der Weiler San Andrés im Hochland von El Hierro ist selbst im Sommer oftmals von dem auf El Hierro typischen „bruma“, einer dicken Passatwolke, eingehüllt. Doch dies hindert die Herreños nicht, alljährlich am ersten Junisonntag einen großen Viehmarkt abzuhalten. Neben der Prämierung der prächtigsten Kuh gibt es ein breites Rahmenprogramm, angefangen von Pferderennen bis hin zu tanzenden Folkloregruppen und kanarischem Ringkampf.

Apartmenthäuser haben sich auf Feriengäste eingestellt. Nicht zuletzt Taucher kommen gerne hierher. Das Hinterland wird von einer bizarren Lavalandschaft eingenommen.

Restaurant

Eine gute Adresse ist **€ El Refugio** in der zweiten Strandreihe. In schnörkellosem Ambiente wird fangfrischer Fisch von der heißen Platte serviert (Calle La Lapa 1, Tel. 922 55 70 29).

Aktivität

Die der Südspitze vorgelagerte Meeresschutzzone gilt als eines der besten Tauchreviere der Kanaren. Vor Ort gibt es ein gutes halbes Dutzend **Tauchschulen** (u.a. La Restinga Diving Center, Tel. 922 55 71 67, wwwbuceolarestinga.com). Rund 20 Tauchspots können angefahren werden. Alljährlich im Herbst findet der Open Fotosub statt, ein Unterwasserfotowettbewerb, an dem zahlreiche Tauchteams und renommierte Unterwasserfotografen teilnehmen.

Umgebung

Ein beliebter Badeplatz sind die natürlichen Meeresschwimmbecken in der **Cala de Tacarón**, 9 km oberhalb von La Restinga. Nahebei kann in einer Viertelstunde zur direkt am Meeressaum gelegenen **Cueva del Diablo** (Teufelshöhle) gewandert werden.

DuMont Aktiv

Eintauchen ins Meer

Im Süden von El Hierro ist die Meeresschutzzone eine der besten Tauchreviere der gesamten Kanarischen Inseln. Gleich mehrere Tauchschulen befinden sich hier, darunter Fan Diving Hierro. Ihr großes Plus: man spricht deutsch.

Die Tauchbasis von Günter und Jutta Baumgärtel liegt direkt am Hafen von La Restinga und ist gleich aus mehreren Gründen sehr beliebt: Sie ist modern eingerichtet, wird professionell geführt und ist sehr familiär. Denn die Tauchgruppen sind auf sechs Teilnehmer begrenzt und Tauchlehrer Günter ist ein erfahrener und sympathischer Mann (übrigens aus Österreich). Rund 15 Minuten geht es hinaus aufs Meer, und dann aber hinein in die Unterwasserwelt des Atlantiks.

Zackenbarsche (oben) und anderes ...

...wartet unter Wasser auf El Hierro.

PAPAGEIENFISCHE, MANTAS UND MAKRELEN

Neben Papageienfischen und Makrelen sieht man Zackenbarsche und mit etwas Glück auch die eindrucksvollen Mantas. Und besonders freut sich Tauchlehrer Günter, wenn er mit seiner Gruppe Mondfische sieht. Der diskusförmige Knochenfisch, scherzt er, sieht wirklich aus, als käme er vom Mond.

WEITERE INFORMATIONEN

- **Gruppenstärke:** Einzeln oder kleine Gruppen
- **Levels:** Anfänger und Fortgeschrittene
- **Mitbringen:** ärztliches Gesundheitsattest (nicht älter als 2 Jahre)
- **Kosten:** pro Tauchgang ca. 26 €, komplette Ausrüstung rund 8 €
- **Professionelle Tauchlehrer:** Günter Baumgärtel
- **Kontakt:** Centro de Buceo Fan Diving
C/ El Varadero 4, La Restinga
Tel. 922 557 085
www.el-hierro-tauchen.de
fandiving@el-hierro-tauchen.de

Service

ANREISE

Mit dem Flugzeug Die beiden internationalen Flughäfen Teneriffa Süd (Aeropuerto Reina Sofía) und Teneriffa Nord (Aeropuerto Los Rodeos) werden im Charter- und Linienverkehr von allen größeren Flughäfen von Deutschland, Österreich und der Schweiz angeflogen. Die Flugzeit beträgt je nach Abflughafen vier bis fünf Stunden. Direktverbindungen bestehen auch nach La Palma. Nach La Gomera und El Hierro muss in Teneriffa Nord umgestiegen werden.
Mit dem Schiff Von Cádiz in Südspanien setzt einmal wöchentlich eine Autofähre nach Teneriffa über (Fahrtdauer ca. 40 Std.).

AUSKUNFT

Spanisches Fremdenverkehrsamt:
Kurfürstendamm 63, D-10707 Berlin,
Tel. 030/882 65 43, E-Mail berlin@tourspain.es
Walfischgasse 8, A-1010 Wien,
Tel. 01/512 95 80, E-Mail viena@tourspain.es
Seefeldstr. 19, CH-8008 Zürich,
Tel. 044/253 60 50, E-Mail zurich@tourspain.es
Internet: Die Seite www.spain.info des Spanischen Fremdenverkehrsinstituts (Turespaña) gibt Basisinformationen zu Spanien, natürlich auch zu den Kanarischen Inseln.
Das offizielle Portal www.webtenerife.de informiert u.a. über die verschiedenen Regionen auf der Insel, Veranstaltungen, das aktuelle Wetter und Busfahrpläne.
www.todotenerife.es ist die Webseite der Inselregierung mit umfassenden Reiseinformationen (auch in Deutsch).
Info-Hotline: Unter der mehrsprachigen Tel.-Nr. 00-800-100-101-00 von Infoturismo Tenerife werden touristische Anfragen aller Art beantwortet.

AUTOFAHREN

Auf allen Inseln ist das Straßennetz gut ausgebaut. Mietwagenstationen gibt es in allen größeren Ferienorten, das Preisniveau ist relativ niedrig. **Benzin** wird auf den Kanaren gering besteuert und ist erheblich billiger als in Mitteleuropa.
Auf Autobahnen beträgt die **Höchstgeschwindigkeit** 100 km/h, auf Landstraßen 90 km/h und in Ortschaften 50 km/h. Geschwindigkeitsübertretungen und andere Verkehrssünden werden in Spanien mit hohen Bußgeldern geahndet. Die **Promillegrenze** liegt bei 0,5. Bei einer Autopanne außerhalb von geschlossenen Ortschaften ist es Pflicht, nach dem Verlassen des Fahrzeuges eine Warnweste zu tragen.

Geschichte

Um 800 v. Chr. Mehrere nordwestafrikanische Stämme besiedeln den Kanarischen Archipel.
150 n. Chr. Der Astrologe Ptolemäus legt den Nullmeridian durch El Hierro. Die Insel gilt zu jener Zeit als der westlichste Außenposten der damals bekannten Welt.
12. und 13. Jh. Die Kanarische Inselgruppe wird mehrfach von Abenteurern und Piraten angesteuert.
1402 Das Kastilische Königreich beginnt mit der Eroberung der Kanarischen Inseln. Der in Diensten der Kastilier stehende Normanne Jean de Béthencourt nimmt Lanzarote und wenig später auch Fuerteventura und El Hierro ein.
1492 Christoph Kolumbus bricht vom kurz zuvor von den Spaniern eroberten La Gomera auf seine Seereise in die Neue Welt auf und entdeckt Amerika.
1493 Der Spanier Alonso de Lugo erobert La Palma. Zwei Jahre später kann er nach blutigen Kämpfen auch Teneriffa einnehmen.
1797 Der spätere englische Seeheld Admiral Nelson verliert bei einem Angriff auf Santa Cruz de Tenerife seinen rechten Arm.
1799 Der deutsche Naturforscher Alexander von Humboldt macht auf seiner berühmten Reise nach Südamerika Zwischenstation auf Teneriffa und besteigt den Pico del Teide.
1817 In La Laguna nimmt die erste Universität der Kanaren den Lehrbetrieb auf.
1880 Auf Teneriffa wird die Banane als Nutzpflanze eingeführt, die Frucht avanciert schnell zum wichtigsten Exportprodukt.
1927 Der Kanarische Archipel wird in zwei Provinzen eingeteilt. Santa Cruz de Tenerife wird Hauptstadt der Westprovinz, zu dem Verwaltungsbezirk gehören neben Teneriffa die Inseln La Palma, La Gomera und El Hierro.
1936 General Franco bereitet von Teneriffa aus einen Aufstand gegen die Madrider Zentralregierung vor und führt das Land in einen dreijährigen blutigen Bürgerkrieg, aus dem er schließlich als Sieger hervorgeht und in Spanien eine faschistische Diktatur errichtet.
1971 An der Südspitze von La Palma bricht der Vulkan Teneguía aus, es ist die jüngste vulkanische Eruption auf den Inseln.
1975 General Francos Tod macht für Spanien den Weg in die Demokratie frei.
1977 Auf Teneriffas Nordflughafen Los Rodeos kommt es zum folgenschwersten Flugzeugunglück der zivilen Luftfahrt als zwei Jumbojets miteinander kollidieren – 583 Passagiere finden den Tod.
1978 Das spanische Volk gibt sich eine neue Verfassung.
1985 Auf dem Roque de los Muchachos von La Palma nimmt eines der weltweit größten Observatorien seinen Betrieb auf.
2003 In Santa Cruz de Tenerife wird das Auditorio zum architektonischen Aushängeschild und kulturellen Mittelpunkt der Insel.
2004 Auf Teneriffa werden erstmals mehr als 5 Millionen Feriengäste gezählt, davon kommen rund 3,5 Mio. aus dem Ausland.
2006 Die Kanarischen Inseln werden Zielpunkt einer Flüchtlingswelle. Bei der Überfahrt in teils schiffbrüchigen Booten kommen mehr als tausend Menschen ums Leben.
2007 Im Juni wird der Pico del Teide zum Weltnaturerbe der UNESCO erklärt. Im August wütet auf Teneriffa einer der schwersten Waldbrände der Inselgeschichte, etwa 8500 Menschen werden evakuiert. Besonders betroffen sind die Bergwälder um Los Realejos im Norden. Im beliebten Ausflugsort Masca im Tenogebirge brennen mehrere Häuser ab.
2008 Im Süden Teneriffas eröffnet der Siam Park, mit 185 000 m^2 Europas größter Freizeit- und Wasserpark.
2010 Santa Cruz de Tenerife investiert 40 Mio Euro, um die Stadt fußgängerfreundlicher zu machen.

BEHINDERTE

Vor allem die Gemeinden Arona und Adeje mit den Seebädern Las Américas und Los Cristianos haben viel getan, um behinderten Menschen den Aufenthalt so angenehm wie möglich zu machen. An den Stränden Las Vistas, El Duque und Torviscas gibt es genügend Parkplätze für Behinderte, von der Promenade führen alle paar hundert Meter Rampen zum Strand und feste Holzstege bis ans Wasser. Zahlreiche Hotels, Strandlokale und Einkaufszentren sind behindertengerecht angelegt. Eines der ältesten und zugleich bekanntesten auf Behinderte eingestellte Hotels ist Mar y Sol in Los Cristianos. Es verfügt neben für Rollstuhlfahrer geeigneten Apartments auch über ein Schwimmbad mit speziellen Einrichtungen für behinderte Gäste (Tel. 922 75 05 40, www.marysol. org). Mit dem Mar y Sol arbeitet die Behindertenhilfe Le Ro eng zusammen, die auch Inselausflüge anbietet (www.lero.net).

Die Kanaren sind ein Paradies für alle Liebhaber von Fisch und Meeresfrüchten.

CAMPING

Zelten ist auf Teneriffa nicht sehr verbreitet. Der einzige ganzjährig geöffnete Platz ist **Camping Montaña Roja** (Tel. 922 17 62 31) in Tejita nahe El Médano. Im Norden steht von Juli bis September der Campingplatz **Punta del Hidalgo** (Tel. 629 13 92 03) offen. Wildes Zelten wird auf den Inseln nicht toleriert.

ESSEN UND TRINKEN

Die kanarische Regionalküche gibt sich betont bodenständig. Als typische **Fleischgerichte** werden gebeizte Kaninchen (conejo en salmorejo), Lamm (cordero) und Zicklein (cabrito) aufgetischt. Natürlich sind die Kanaren ein Paradies für **Fisch**-Liebhaber. Neben dem schmackhaften Bocinegro wird in Salzkruste gebackene Dorade serviert oder die wie Karpfen schmeckende Vieja, mit ihrem weißen Fleisch vielleicht der beste Kanarenfisch überhaupt. Bei Bocinegro/Meerbrasse handelt es sich ebenfalls um einen vorzüglichen Speisefisch. In den kanarischen Gewässern wird vornehmlich der Bonito, ein Tunfisch, gefangen. Das Fleisch ist von fester Struktur und wird mit viel Knoblauch gewürzt als Steak gebraten. Aus Kabeljau hergestellter Bacalao, ein luftgetrockneter Stockfisch, der in flachen Stücken stapelweise ausliegt, zählt zu den Arme-Leute-Essen. Standardbeilage zu Fisch und Fleisch sind samt Schale in Salzwasser gekochte Runzelkartoffeln (papas arrugadas) und eine pikante Mojosauce. Vom spanischen Festland hat die **Paella** den Sprung übers Wasser geschafft, ebenso **Tapas**, kleine Appetithäppchen, die in speziellen Tapa-Bars am Tresen verzehrt werden – sei es als Vorspeise oder als kleine Zwischenmahlzeit. Ein von den Ureinwohnern übernommenes Grundnahrungsmittel ist **Gofio** (s. S. 82). Aus Hülsenfrüchten wie Kichererben und Linsen werden gehaltvolle Suppen und Eintöpfe zubereitet. Sehr beliebt sind auch mit Kürbis, Süßkartoffeln und was die Saison hergibt zubereitete Gemüsesuppen. In vielen Landgasthöfen Gomeras wird Brunnenkressesuppe (sopa de berros) angeboten.
An **Nachspeisen** sei Bienmesabe genannt, was übersetzt so viel wie „schmeckt mir gut“ heißt. Das kalorienreiche Dessert ist eine mit Eigelb, reichlich Zucker und einer Messerspitze Zimt abgeschmeckte Mandelspeise. Eine Spezialität von La Gomera ist Leche asada, eine im Ofen gebackene Ziegenmilch, die kalt mit einem Schuss Palmhonig gegessen wird. Überall zu haben ist Flan, ein Karamellpudding.
Zum Essen wird außer lokalen Inselweinen (s. S. 30) und guten Rioja-Gewächsen vor allem **Bier** getrunken. Den Bedarf decken neben Importbieren drei Inselbrauereien, auf Teneriffa werden die Marken Dorada und Reina gebraut, auf der Nachbarinsel Gran Canaria das Tropical. An **Kaffee** wird bevorzugt der kleine schwarze Café solo genossen, der auch als Carajillo mit einem Schuss Kognak verstärkt werden kann. Bester Durstlöscher an einem warmen Badetag ist kanarisches **Mineralwasser**. Auf Teneriffa wird die Marke Vilaflor in rund 1400 m Höhe abgefüllt, die Marke Taburiente entspringt am Calderarand auf La Palma und wird in 5-Liter-Gebinden vertrieben.

FESTE UND FEIERTAGE

Die größten Feste
Karneval (Februar/März)
Bajada de la Virgen de los Reyes (El Hierro, alle 4 Jahre am 1. So. im Juli; nächster Termin 2013)
Bajada de la Virgen de las Nieves (La Palma, alle 5 Jahre im Juli; nächster Termin 2015)
Romería de la Virgen de la Candelaria (Teneriffa, 14./15. August)
Fiesta de Nuestra Señora de Guadalupe (La Gomera, alle 5 Jahre am 5. Oktober; nächster Termin 2013)

Feiertage
1. Januar: Año Nuevo Neujahr
6. Januar: Los Reyes (Dreikönigstag)
19. März: San José (Josefstag)
Viernes Santo (Karfreitag)
Corpus Cristi: (Fronleichnam)
1. Mai: Día del Trabajo (Tag der Arbeit)
30. Mai: Día de las Islas Canaria (Tag der Kanaren)
25. Juli: Santiago Apóstol (Jakobustag)
15. August: Asunción Mariä (Himmelfahrt)
12. Oktober: Día de la Hispanidad (Entdeckung Amerikas)
1. November: Todos los Santos (Allerheiligen)
6. Dezember: Día de la Constitución (Tag der Verfassung)
8. Dezember: Immaculada Concepción (Mariä Empfängnis)
25. Dezember: Navidad (Weihnachten)

Brücke bei Los Tilos, La Palma

Service

FINCAFERIEN

Auf Teneriffa und den Westkanaren ist Turismo Rural (Landtourismus) sehr beliebt. Mit EU-Mitteln wurden etliche alte Fincas und Landhäuser für den Tourismus restauriert. Die Häuser liegen meist in kleinen Dörfern oder allein stehend inmitten ländlicher Natur. Aus Mobilitätsgründen empfiehlt sich die Buchung eines Mietwagens. Fincas gibt es in allen Größen und Preisklassen, angefangen von bescheidenen kleinen Natursteinhäusern bis hin zu komfortablen Landsitzen mit Pool.
Info und Buchung: auf Teneriffa: ATTUR, Calle Castillo 41, Santa Cruz, Tel. 902 21 55 82, www.ecoturismocanarias.com/tenerife/es; auf La Palma: Karin Pflieger, 22529 Hamburg, Tel. 040/560 44 88, www.turismorural.de und La Casas Canarias, 38780 Tijarafe, La Palma, Tel. 0034/922 49 11 32, www.lascasascanarias.com; auf La Gomera: Ecotural, Carretera General 207, 38820 Hermigua, Tel. 922 14 41 01, www.ecoturismogomera.com

GELD

Die Kanaren gehören zur Eurozone. Die Inseln sind mit Geldautomaten bestens versorgt, gängige Kreditkarten werden von allen größeren Hotels und gehobenen Restaurants akzeptiert.

GESUNDHEIT

Ausgenommen El Hierro ist das kanarische Gesundheitswesen gut ausgebaut und die Universitätsklinik in La Laguna/Teneriffa auf dem neuesten medizinischen Stand (Hospital Universitario de Canarias, www.huc.es, Tel. 922678283). Das deutsche Honorarkonsulat auf Teneriffa hält auf seiner Internetseite für die Inseln Teneriffa und La Palma eine Liste mit deutschsprachigen Arztpraxen aller Fachrichtungen bereit (www.honorarkonsul-teneriffa.de). Auf La Gomera gibt es in Valle Gran Rey ein Deutsches Ärztezentrum (Residencial El Conde, Tel. 922806191). Die Apotheken sind gut sortiert.

NATIONALPARKS

Weite Teile der Inseln stehen unter Naturschutz, höchsten Schutzstatus genießen Nationalparks. Teneriffa: Parque Nacional del Teide (Gründungsjahr 1954; 18990 ha Fläche; seit 2007 Weltnaturerbe der UNESCO). La Gomera: Parque Nacional de Garajonay (1978; 3986 ha; seit 1986 Weltnaturerbe der UNESCO). La Palma: Parque Nacional de Caldera de Taburiente (1954; 4690 ha; seit 2002 Biosphärenreservat der UNESCO)

REISEDOKUMENTE

Für EU-Bürger und Schweizer ist ein gültiger Personalausweis ausreichend. Für die Anmietung eines Leihwagens reichen der nationale Führerschein und eine Kreditkarte aus.

REISEZEIT

Das Klima auf den Kanaren ist sehr ausgeglichen mit vergleichsweise zu Mitteleuropa nur geringen Temperaturschwankungen. Die Sommer sind mit durchschnittlichen Tagestemperaturen von 25 °C nicht allzu heiß, die Winter frühlingshaft mild. Selbst im Februar, dem kältesten Monat, sind Tagestemperaturen von 18 °C die Regel, die Wassertemperatur sinkt das ganze Jahr kaum unter 18 °C. Im Winter können mitunter heftige Tiefausläufer die Inselgruppe heimsuchen und vor allem den Nordküsten beträchtliche Niederschläge bescheren, erheblich sonnensicherer sind die Süd- und Westseiten der Inseln. Saison herrscht das ganze Jahr über. Hochsaison sind die Weihnachts- und Osterferien, in den Sommermonaten werden die Inseln verstärkt von spanischen Gästen vom Festland besucht.

Kiefern an der Westflanke des Pico del Teide, nahe dem Mirador de Chío

Reisedaten

Hin- und Rückflug von Deutschland:
ab ca. 250 €
Mietwagen:
ab 22 € pro Tag
Benzin:
1 Liter ca. 0,70 €
Ferienhaus:
Woche ab 250 €
Menü:
3 Gänge mit Wein
pro Person ab 20 €
Einfaches Essen:
ab 8 €
Bier: 0,3 Liter ab 1 €
Milchkaffee: ab 1,20 €

RESTAURANTS

Preiskategorien

€€€€	Gourmet	
€€€	Hauptspeisen	über 30 €
€€	Hauptspeisen	15–30 €
€	Hauptspeisen	10–15 €

Empfehlenswerte Restaurants sind auf den Infoseiten der einzelnen Inseln aufgeführt.

SPORT

Wandern Die Kanarischen Inseln gehören zu den beliebtesten Wanderzielen Europas. Das Wegenetz ist gut ausgebaut und hält Touren für alle Ansprüche bereit. Gebuchte Wanderreisen bieten z.B. über TUI, Wikinger, Gomera Trekking Tours oder Gruppen vor Ort.
Mountainbiking Teneriffa ist ein hervorragendes Revier für Radfahrer. Organisierte Mountainbiketouren und Rennradwochen für Einsteiger und Fortgeschrittene werden z.B. von der deutschsprachigen Bikestation Diga Sports

Echt Handarbeit: die Zubereitung von Ziegenkäse

angeboten. Im Shop neben Hotel Park Club Europe können Räder tageweise ausgeliehen werden (Playa de las Américas, Avenida Rafael Puig 23, Tel. 922 79 30 09, www.diga-sports.de).

Tauchen Die bizarre Lavalandschaft setzt sich unter Wasser fort und macht mit Steilwänden, Grotten und Felsspalten die Küstengewässer zu einem faszinierenden Tauchrevier. Dank der angenehmen Wassertemperaturen kann der Tauchsport auf den Kanaren ganzjährig ausgeübt werden. Auf allen Inseln gibt es Tauchschulen, eines der besten Unterwasserreviere hat El Hierro zu bieten.

Wind- und Kitesurfen Auf Teneriffa bietet der Strand von El Médano fast ganzjährig konstante Windbedingungen. Der Spot war bereits mehrfach Austragungsort von Weltmeisterschaften.

Golf Mit neun Parcours ist Teneriffa die beste Golfdestination der Kanaren. Die Plätze konzentrieren sich vornehmlich im Inselsüden. Einen Golfplatz gibt es außerdem auf La Gomera.

Reiten Auf Teneriffa sind etliche Reistställe auf ausländische Gäste eingestellt. Mit rund 80 Pferden einer der größten ist das Centro Hípico del Sur in Buzanada (Autobahnausfahrt 25 und 26, www.centrohipicodelsur. com). Reitställe gibt es auch auf La Palma.

Gleitschirmfliegen ist dank der guten Thermik auf Teneriffa, La Palma und El Hierro beliebt.

SPRACHE

Auf den Kanaren wird Spanisch gesprochen. In den Ferienorten verstehen viele Angestellte Englisch, in von deutschsprachigen Gästen bevorzugten Regionen teils auch Deutsch.

TELEFON

Ländervorwahlen Deutschland 0049, Österreich 0043, Schweiz 0041.

Notruf Zentraler Notruf (Polizei, Feuerwehr, Krankenwagen): Tel. 112

Mobiltelefone der gängigen Netze funktionieren auf den Kanaren problemlos.

UNTERKUNFT

Preiskategorien

€€€€	Doppelzimmer	über 150 €
€€€	Doppelzimmer	70–200 €
€€	Doppelzimmer	30–80 €
€	Doppelzimmer	25–50 €

Adressen siehe Infoseiten der Städte und Inseln. Die Preise differieren je nach Saison. Am teuersten sind Weihnachten und Ostern.

VERKEHRSMITTEL

Fähren Teneriffa ist auf dem Wasserweg sehr gut mit den Nachbarinseln vernetzt. Von Santa Cruz setzen mehrmals täglich Schnellfähren nach Agaete auf Gran Canaria über. Vom Fährhafen Los Cristianos verbinden Schiffe mit La Gomera, La Palma und El Hierro. Das Geschäft teilen sich die Fährlinien Fred Olsen (www.fredolsen.es), Naviera Armas (www.navieraarmas.com) und der Garajonay Exprés (www.garajonayexpres.com).

Daten und Fakten

Lage: Die kanarische Inselgruppe liegt im Atlantischen Ozean vor der nordwestafrikanischen Küste. Von Teneriffa beträgt die Entfernung zum afrikanischen Festland rund 300 km.

Fläche und Naturraum: Mit 2034 km² ist Teneriffa die größte Kanareninsel. Geografisches Zentrum der von Schluchten (Barrancos) durchzogenen Insel ist der Gebirgsstock des Pico del Teide (3718 m). Das Landschaftsbild der Teide-Region wird stark vom Vulkanismus geprägt, die letzte Eruption ereignete sich 1909. Das Anagagebirge ist die niederschlagsreichste Region auf der Insel, hier konnten sich noch Reste eines tertiären Lorbeerwaldes erhalten. Die fast 400 km lange Küstenlinie Teneriffas besteht größtenteils aus Steilküste. Auf La Palma stellt der Roque de los Muchachos (2426 m) den höchsten Inselgipfel, auf El Hierro der Malpaso (1500 m) und auf La Gomera der Alto de Garajonay (1487 m).

Bevölkerung: Teneriffa (865 000 Einw.) ist am bevölkerungsreichsten, auf La Palma leben 86 000, auf La Gomera 22 000 und auf El Hierro 10 500 Menschen. Bevölkerungsdichte Teneriffa: 425 Einw./km² (Deutschland 231 Einw./km²). Etwa 12 % sind Ausländer, wobei deutsche und englische Einwanderer die größten Gruppen stellen. Über 90 % der Canarios sind römisch-katholisch.

Wirtschaft: Neben dem Tourismus ist die Landwirtschaft das wichtigste Standbein (Export: Bananen, Tomaten und Schnittblumen). Gefischt wird nur für den Eigenbedarf. In jüngster Zeit hat sich allerdings die Fischzucht zu einem aufstrebenden Wirtschaftszweig entwickelt. Die Arbeitslosenquote auf den Inseln liegt bei etwa 27 % und ist damit die mit Abstand höchste von gesamt Spanien.

Tourismus: Teneriffa ist eine der bedeutendsten Feriendestinationen in Europa mit jährlich rund 5 Mio. Gästen. Den größten Anteil stellen die Festlandspanier, gefolgt von Briten, Deutschen und Skandinaviern. Der Tourismus konzentriert sich in Puerto de la Cruz an der Nordküste und in Las Américas/Costa Adeje im Süden; ein kleineres Ferienzentrum ist Los Gigantes an der Westküste. Während Teneriffa vornehmlich von Pauschalgästen gebucht wird, sind auf den kleinen Westkanaren viele Individualtouristen unterwegs.

Service

Bus Das öffentliche Transportunternehmen Titsa unterhält auf Teneriffa eine Flotte von rund 550 Fahrzeugen, die auch entlegene Ortschaften, etwa im Anagagebirge, anfahren. Fahrplanauskünfte unter Tel. 922 53 13 00 und www.titsa.com. An den Bus-Terminals ist eine Bono-Buskarte oder Tarjeta für 12 und 30 Euro erhältlich. Man nennt dem Fahrer das gewünschte Fahrziel und steckt die Karte dann in einen Automaten, der den jeweiligen Streckenpreis abbucht. Auf Kurzstrecken gibt es 30 % Ermäßigung, auf längeren Fahrten bis zu 50 %. Die Karte gilt inselweit und kann für mehrere Personen gleichzeitig benutzt werden.
Auf den weniger stark bewohnten kleinen Kanaren sind lediglich die wichtigsten Ortschaften ans öffentliche Busnetz angeschlossen.

WELLNESS

Auf Teneriffa bieten etliche Hotels der gehobenen Klasse vielfältige Wellnessprogramme an. Die besten Adressen im Süden: Gran Hotel Bahia del Duque (www.bahia-duque.com) und der Club Termal Aqua (www.aquaclubtermal.com), im Norden Spa- und Wellnesshotel Botánico (www.hotelbotanico.com) in Puerto de la Cruz.

ZEIT

Die Kanaren gehören zur Westeuropäischen Zeitzone, von Mitteleuropa kommend muss die Uhr bei Ankunft eine Stunde zurückgestellt werden (auch während der Sommerzeit).

ZOLL

Die Kanarischen Inseln gehören zwar zum Zollgebiet der Europäischen Union, nicht aber zum Steuergebiet für Verbrauchssteuern. Sie werden vom Zoll wie ein Nicht-EU-Land behandelt. Bei der Wiedereinreise nach Deutschland sind folgende zollfreien Höchstmengen erlaubt: 200 Zigaretten oder 50 Zigarren, 1 Liter Spirituosen und 2 Liter Wein, 50 g Parfüm. Arzneimittel nur insoweit, wie sie dem persönlichem Bedarf des Reisenden entsprechen.

Wetterdaten

Santa Cruz de Tenerife

	Tages-Temp. max.	Nacht-Temp. min.	Wasser-Temp.	Tage mit Niederschlag	Sonnenstunden pro Tag
Januar	21°	14°	19°	7	5
Februar	21°	14°	18°	5	6
März	22°	15°	18°	3	7
April	23°	16°	18°	2	8
Mai	24°	17°	19°	1	10
Juni	26°	19°	20°	0	11
Juli	28°	21°	21°	0	11
August	29°	21°	22°	0	11
September	28°	21°	23°	1	9
Oktober	26°	19°	23°	4	7
November	23°	17°	21°	6	5
Dezember	22°	16°	20°	7	5

Die grandiose Aussicht ist in diesem Restaurant in Puerto de Tazacorte auf La Palma inbegriffen.

Register

Fette Ziffern verweisen auf Abbildungen. Die aufgelisteten Ortsnamen beziehen sich auf Teneriffa, andernfalls wird jeweils nach dem Ortsnamen die betreffende Insel genannt

Impressum

1. Auflage 2011

Verlag: DuMont Reiseverlag, Postfach 3151, 73751 Ostfildern, Tel. 0711/4502-0, Fax 0711/4502-135, www.dumontreise.de
Geschäftsführer: Dr. Thomas Brinkmann, Dr. Stephanie Mair-Huydts
Programmleitung: Birgit Borowski
Redaktion: Dina Stahn
Text: Rolf Goetz, Tobias Büscher (Aktiv S. 37, 57, 73, 87, 99, 111; Thema Whale Watching S. 68/69, Thema Bootsflüchtlinge S. 96/97).
Exklusiv-Fotografie: Martin Sasse
Titelbild: Uta und Horst Kolley/mauritius images (Playa de Teresitas, Teneriffa)
Zusätzliches Bildmaterial: S. 8/9 Bildagentur Huber / Mirau, S 10/11 age fotostock / LOOK-foto, S.14/15 Hauke Dressler / LOOK-foto, S. 37 Mitte, 111 unten Martin Sasse/laif, S. 57 (3x) www.donquijote.org, S. 68 links Piepenburg / laif, S. 68 rechts / 4 unten rechts NPL / Arco Images / fotofinder, S. 73 (3x) www.diga-sports.de, S. 87 Mitte, unten vario images, S. 96, 97 oben Hollandse Hoogte/laif, S. 97 unten Back/laif, S. 101 Mitte mauritius /age, S. 101 unten mauritius /imagebrooker / Martin Siepmann, S. 111 oben Franco Banfi/WaterFrame
Grafische Konzeption, Art Direktion, Layout: fpm factor product münchen
Bildredaktion: Annette Bauer, fpm factor product münchen
Kartografie: © MAIRDUMONT GmbH & Co. KG, Ostfildern
DuMont Bildarchiv: Marco-Polo-Straße 1, 73760 Ostfildern, Tel. 0711/4502-266, Fax 0711/4502-1006, a.nebel@mairdumont.com

Anzeigenvermarktung: MAIRDUMONT MEDIA, Tel. 0711/4502333, Fax 0711/45021012, media@mairdumont.com, http://media.mairdumont.com
Vertrieb Zeitschriftenhandel: PARTNER Medienservices GmbH, Postfach 810420, 70521 Stuttgart, Tel. 0711/7252-212, Fax 0711/7252-320
Vertrieb Abonnement: Leserservice DuMont Bildatlas, Zenit Pressevertrieb GmbH, Postfach 810640, 70523 Stuttgart, Tel. 0180/5727252-265, Fax 0180/5727252-333, dumontreise@zenit-presse.de
Vertrieb Buchhandel und Einzelhefte: MAIRDUMONT GmbH & Co KG, Marco-Polo-Straße 1, 73760 Ostfildern, Tel. 0711/4502-0, Fax 0711/4502-340
Druck und buchbinderische Verarbeitung: NEEF + STUMME premium printing GmbH & Co. KG, Wittingen, Printed in Germany

Die Ansicht ist weltberühmt: Sichelförmig umrahmen Strände die „Muschelbucht“ von San Sebastián.

SPANIEN NORDEN

Jakobsweg

Unterwegs auf der weltbekannten Pilgerroute, die schon seit 1200 Jahren begangen wird.

Virtuosen der Steinzeit

Die Höhlen von Altamira bewahren altsteinzeitliche Felsbilder, die in ihrer Farbkraft einzigartig sind.

Vorspeisenkultur

Tapas sind eine Welt für sich.

Brauchtum nicht nur für Touristen, Traditionen sind in Oberbayern fester Bestandteil des Lebens.

OBERBAYERN

Wo Geister toben

Die Zugspitze ist Deutschlands höchster Gipfel – und nicht nur im Winter ein tolles Ziel.

Mit vollen Segeln

Auf Ammersee und Starnberger See.

Blauer Reiter

Die Künstlervereinigung wurde in Murnau gegründet.

Lieferbare Ausgaben

DEUTSCHLAND
092 Altmühltal
105 Bayerischer Wald
106 Bodensee, Oberschwaben
056 Chiemgau, Berchtesgadener Land
095 Eifel, Aachen
096 Elbe und Weser, Bremen
059 Fränkische Schweiz
060 Hamburg
061 Harz
062 Hunsrück, Naheland, Rheinhessen
066 Mainfranken
097 Mecklenburg-Vorpommern
067 Mosel
114 München
098 Münsterland
006 Oberbayern Zwischen Lech und Inn
074 Odenwald, Bergstraße
002 Ostfriesland, Oldenburger Land
075 Ostseeküste Schleswig-Holstein
078 Rhein zwischen Köln und Mainz
079 Rhön
116 Rügen, Usedom, Hiddensee
080 Sachsen
081 Sachsen-Anhalt
117 Sauerland, Siegerland
083 Schwarzwald Norden
084 Schwarzwald Süden
008 Stuttgart, Schwäbische Alb
102 Thüringen
103 Weserbergland

BENELUX
052 Amsterdam
070 Niederlande

FRANKREICH
055 Bretagne
058 Elsass
009 Frankreich Süden Languedoc-Roussillon
071 Normandie
001 Paris
115 Provence

GROSSBRITANNIEN/IRLAND
063 Irland
087 Südengland

ITALIEN/MALTA/KROATIEN
110 Golf von Neapel, Kampanien
005 Kroatische Adriaküste
113 Malta
073 Oberitalienische Seen
076 Piemont, Aostatal
082 Sardinien
003 Sizilien
089 Toskana
091 Venedig, Venetien

MITTEL- UND OSTEUROPA
104 Baltikum
094 Danzig, Ostsee, Masuren
101 Polen Süden, Breslau, Krakau
077 Prag
085 St. Petersburg

ÖSTERREICH/SCHWEIZ
004 Salzburger Land, Salzkammergut, Salzburg
088 Tessin

SPANIEN/PORTUGAL
093 Andalusien
051 Algarve, Lissabon
054 Barcelona
108 Costa Brava
065 Kanarische Inseln
007 Spanien Norden, Jakobsweg
118 Teneriffa, La Palma, La Gomera , El Hierro

SKANDINAVIEN
057 Dänemark
099 Norwegen Norden
072 Norwegen Süden
100 Schweden Süden, Stockholm

TÜRKEI
090 Türkisches Mittelmeer

AUSSEREUROPÄISCHE ZIELE
010 Ägypten
053 Australien Osten, Sydney
111 Kalifornien
064 Kanada Westen
068 Neuseeland
069 New York
086 Südafrika